点亮星星的足迹

小学语文阅读写作教学探索与实践

丁霞 —— 著

DIANLIANG XINGXING DE ZUJI

黄河出版传媒集团
阳光出版社

图书在版编目（CIP）数据

点亮星星的足迹：小学语文阅读写作教学探索与实践 / 丁霞著. -- 银川：阳光出版社，2023.11
ISBN 978-7-5525-7112-7

Ⅰ.①点… Ⅱ.①丁… Ⅲ.①阅读课－教学研究－小学②作文课－教学研究－小学 Ⅳ.①G623.202

中国国家版本馆CIP数据核字（2023）第232929号

点亮星星的足迹

—— 小学语文阅读写作教学探索与实践　　　　　丁霞　著

责任编辑　杨　皎
封面设计　晨　皓
责任印制　岳建宁

黄河出版传媒集团
阳　光　出　版　社　出版发行

出 版 人　薛文斌
地　　址　宁夏银川市北京东路139号出版大厦（750001）
网　　址　http://www.ygchbs.com
网上书店　http://shop129132959.taobao.com
电子信箱　yangguangchubanshe@163.com
邮购电话　0951-5014139
经　　销　全国新华书店
印刷装订　宁夏银报智能印刷科技有限公司
印刷委托书号　（宁）0027833

开　　本　787 mm×1092 mm　1/16
印　　张　15.75
字　　数　256千字
版　　次　2023年11月第1版
印　　次　2023年11月第1次印刷
书　　号　ISBN 978-7-5525-7112-7
定　　价　58.00元

序

用语文教育点亮每一颗星星

丁霞老师送来她的教育专著《点亮星星的足迹——小学语文阅读写作教学探索与实践》一书，嘱我作序，我欣然允诺，先睹为快。

丁霞老师是我的老同事，专业发展的老战友。丁霞老师年龄和我比不能称"老"，但我们的职业缘分实在不浅，因此冠以"老"字表达我们之间的职业友谊。十六年前，因我和丁霞老师同在一所学校共事、同教小学语文学科、共研小学语文学科教学、都钟爱小学语文教学，我们在小学语文教学上产生了越来越多的共鸣。作为学校教学管理者，因她教学工作出色，我开始更多地关注这位能务实、肯用功、有个性、有钻劲、有创意，用小学语文教育点亮星星的年轻人。

丁霞老师是追求小学语文教学卓越的人，是潜心小学语文教育研究与实践的有心人。丁霞老师的语文课教得很好，学生喜爱她的语文课，家长也喜欢她。以创新小学语文教育生态助力班级建设是丁霞老师对语文教育功能的放大，基于此，她赢得了广大家长的欢迎。每学年开学分班，都有很多家长要求让自己的孩子进丁霞老师的班，因为家长群众评价她有"两个好"：语文教得好，带的班风好！面对"班额有限，争者云集"的现状，我曾多次费尽周折进行调解，虽然工作压力山大，但换个角度又感到十分欣慰，我想，学校里如果多有一些丁霞老师这样的好老师该多好！

丁霞老师因教小学语文而成为学生和家长心目中的名优教师，也因潜心钻研小学语文教育而成为小学语文教育行业中的佼佼者。

丁霞老师对小学语文教学的爱，源于对学生的爱，她始终如一地把自己的学生置于心中至高的位置，她因爱孩子们而执着于想方设法教孩子们学好语文。由于这个原坐标点找得好、定得准，所以她在语文教学与研究之路上才越走路越宽，越走眼越亮，越走心越明，走得如此坚定，如此充实，如此有成效。真真切切大爱心，踏踏实实敬业路，勤勤恳恳耕耘途，时时处处教后思，催生了这本书。

本书是丁霞老师在为孩子们学好语文而用心探索教好语文之路上，用创新与智慧凝结而成的一部探究小学语文阅读写作方面的力作。

本书以丁霞老师在小学语文教育教学中倾心最多、着墨最重、用力最实、感悟最深、成果最丰的几个领域架构成书。

丁霞老师善于在课堂教学实践中寻找专业立足点，创造智慧闪光点。

通过日记教学教学生学会生活，是丁霞老师语文教学的一大特色。丁霞老师引导学生因生活而写日记，因写日记而生活得更精彩。《写日记，是在表达热爱与责任》中对日记的定位，让写日记透视出学生的生活成长情态，把写日记与学做人进行了无缝对接。《孩子们的日记兴趣渐浓》呈现了孩子们用日记记录生活、表达生活的进阶成长动态。《学生日记要勤查》以高度关注促使孩子们养成写日记的习惯。《日记教学要回归儿童》中对以生为本的日记教学理念进行了清晰的阐发。源于日记教学实践的《日记教学的思考》《培养学生日记写作兴趣的小策略》闪烁着实践与反思的智慧之光。《教师分享自己的"日记下水文"》揭示了教师与学生分享生活、分享方法的重要性。丰富多彩的《学生日记作品》是丁霞老师勤实践、善思考、巧引导结出的硕果，是孩子们漫步日记田野摘到的甜果，嗅到的花香。

丁霞老师因善于教习作课而享誉同心教苑。《会说话才会写作文》中"由说而写"的教学路径；《从兴趣入手为学生习作开发练笔资源》中"让学生从喜闻乐见的生活素材中撷取资源"因趣乐练的策略；《借偶发事件为学生创造练笔机会》中捕捉"偶发事件",顺势练笔的鲜活做法;《在活动中感受快乐,在快乐中学会生活》中的实践促习作的生动气息;《让习作展示生活的色彩》中习作对生活的映照;《悟"魅力中秋"写"魅力作文"》中对"过节"与习作源流关系的彰显;《信步走进精彩生活信笔抒写真情作文》中显示的生活外延与习作外延的交汇,无不折射着习作与生活密不可分的教学理念。《学生习作应该走向个性化》中对习作主体的充分尊重;《小学生"快乐习作"例谈》中基于习作事实对学生习作缘何快乐的阐释,是以生为本习作教学实践的生动思考;《教作文,用好课文这个例子》中对阅读与习作关系的梳理;《统编教材习作单元教学解读及教学建议》中鸟瞰习作,站在实处谋划习作教学的有益思考,都表现出丁霞老师深入思考习作教学后,对习作教学的宏观把控。

丁霞老师在小学语文阅读教学实践中,以学生为本,以培养学生语文核心素养为魂,以"实效"教学为标,进行了有益探索与思考。《课堂教学追求实效》中彰显的务实精神,是丁霞老师语文教学的总基调。以此为出发点,她对小学语文教学中的"美读"教学、口语交际教学、有深度学习的阅读教学、统编教材运用、培养学生核心素养、语文教育教学中的生本教育、语文教学与多媒体深度融合等,进行了系统深入的实践探究、理性思考,为小学语文教育教学提供了有益的借鉴。

丁霞老师由教到研,因研善教,她的教研实践与思考也是耐人寻味的。丁霞老师经常下沉学校,走进课堂,对鲜活的教学实例进行剖析,以调研摸教情,以调研观学情。她的《听课笔记》里记录了城乡学校语文教师的影子,记录了城乡学生最朴实、最真实课堂学习的样子,提供了反映城乡小学语文课堂教学面貌的镜子,同时,对这些开采的"础石"质地纹理进行了辨认分析,向学校提出了琢石成器的有益建议。

丁霞老师的"教研思考"充满了振兴乡村教育的情怀与情结。她立足农村低段语文课堂教学,在乡村小学语文的原点上找问题,思对策,提建议;着眼于对农村青年教师专业成长做引领,帮助农村青年教师实现教研能力提升。

丁霞老师立足教学实践，做最务实的课题研究。宁夏第三届基础教育教学课题《小学生"快乐习作"的实践研究》，宁夏百所标准化学校建设课题《学生视角下培养学生日记写作兴趣的策略研究》，宁夏第四届基础教育教学课题《小学高年级语文单元整体教学的实践研究》都立足山区教学实践，开展行动研究，回应了她耕耘小学语文教学探索与实践，产生了非常有益的研究成果。

本书是丁霞老师小学语文教学探索与实践的忠实写照。孩子们是丁老师心中闪闪发光的星星，丁老师的小学语文从教生涯中，无时无刻不在点亮她心中的那一颗颗小星星，经她点亮的小星星放射着睿智、健康、快乐、向上的明亮之光！教以爱为源，便光芒四射，愿丁霞老师的这本书激发更多有意点亮星星的教者，共同成就小学语文教育教学璀璨的星空。

此为序。

（刘耀宏，宁夏语文特级教师，自治区骨干教师，宁夏回族自治区基础教育教学质量评价指导专委会委员，吴忠市基础教育教学指导委员会委员，同心县教学研究室主任）

自　序

人生因爱而精彩！

著名教育家霍懋征老师说："没有爱就没有教育。"我从小就特别喜欢小孩子，咿咿呀呀的学语、奶里奶气的童声、啼笑皆非的十万个为什么，简单而可爱，他们眼里看到的一切都是"真"。高尔基说过："谁爱孩子，孩子就爱谁。"我关爱每一个学生，用从心底里流出的爱对待他们，让他们感受到做学生的幸福。

爱学优生，因为他们勤奋好学，成绩优秀；爱高智商的顽皮生，他们智商高，有非常大的潜能，引导得当，他们会成为班级的顶尖人才；更爱学困生、智障生，他们身上有着学优生没有的优秀品质。弱势学生更需要老师的爱。对这类学生的爱要有耐心和毅力，要持之以恒，要从孩子们脸上看到真正幸福、快乐的笑容。衡量一个学生的好坏不能只看成绩，也不能用同一的标准去评价每一个学生，要看一个学生的综合素养。

爱阅读，善教者必善学者。我出生在地处偏远的农村，世俗对女孩的偏见，差一点儿就上不了学，在外地工作的父亲坚持让我成了全校唯一的女生。

我背上母亲用碎布拼成的斜挎书包，甩着小辫，不知引来了多少女娃娃羡慕的目光。当时唯一的课外读物是小人书，印象最深的就是《城南旧事》，妞儿短暂而又悲惨的命运让我牵肠挂肚很多年。后来，进城上中学后，迷恋上《飘》，郝思嘉的勇敢、独立、担当、倔强、叛逆不妥协，冲击着青春期少女的心，读了三遍仍爱不释手。再后来很少读书，重新拾起书本是2009年暑假给同心县乡村教师做培训，一周没有跨出门槛半步，整理材料，翻阅最多的就是继续教育教材《和谐课堂有效教学》和《义务教育语文课程标准》，这才知道，原来我们的教学实践可以在这里找到理论依据，原来阅读如此重要。于是，我到邮局征订了《小学语文教学设计》和《班主任之友》两本杂志，这两本杂志操作性很强，指导着我的教学和班级管理。在网络上看于永正、贾志敏、支玉恒、窦桂梅等名师的教学实录，认真学习、模仿、内化。我发现名师的教学方法不一定适用于我的学生，但能给我很多启发，变他法为我法，在教育教学中我用我法。

逐渐转化到读教育专著、名家著作，如苏霍姆林斯基的《给教师的100个建议》，罗恩·克拉克的《优秀是教出来的》，窦桂梅的《奠基生命的课堂》《玫瑰与教育》《做一名有专业尊严的教师》。当今时代飞速发展，知识不断更新，不阅读真的会被时代所抛弃。工作中的不断进步给了我动力，同时也给了我压力，作为教师专业技术人员，一定要有专业技能。《教师基本功的新修炼》一定要读，用知识武装自己，才能走得更远。我越来越发现读书可以长智慧，阅读让我常常有意外收获，让我融入时代发展的大潮中，让我的教学行走在研究型的道路上，教学方法更加新颖，教学效果更加显著，尤其是在日记教学、习作教学、阅读教学方面形成了自己的教学风格。

鼓励学生广泛阅读，积累优美的语言文字，督促他们阅读并做读书记录卡；交流阅读，开展"我喜欢的一本书"班级读书活动；主题阅读，情感态度、价值观得到提升；快乐阅读，成为小书迷；享受阅读，随着阅读量的积累引发质的变化，学生习作能力逐渐提高，习作兴趣越来越浓。于是，学生的文字变成了铅字，发表在各种报纸上。我将学生发表的习作小心翼翼地剪贴在一起，形成了一本书《我的作文发表了》。

爱课堂。课堂是教师的主阵地，热爱课堂的老师才能成为真正的好老师。对我来说，上课是一种乐趣，上出好课是一种享受，走进课堂，我已不是教师，而是导演、演员、作者、文中的主人公，我与学生一起表演情景剧。

我坚持上好每一节课，认真对待教学中出现的每一个问题，让知识的传授、能力的训练、情感态度价值观的形成都能在一堂堂精彩而平实的课堂教学中达成。那一堂堂鲜活的、调控自如的课堂，常常让我品尝到成功的喜悦。我常常想，在我退休的时候回味我的教师生涯，因为有一堂堂好课而欣慰，课堂上把自己解放出来，让学生主动学习，成为学习的主人，把课堂真正还给学生。

享受成功的喜悦。灵感来源于课堂，来源于生活，第一次参加学校优质课竞赛得了倒数第一名，我没有气馁。从此，我把每一节课都当作优质课来上，开始反思找不足，看名师的教学光盘课。第二次参加学校优质课就跃居第二名了，那一年代表学校参加了全县的优质课竞赛并获奖，小小的成功让我有了自信，从此，我更加注意提高我的课堂教学技能。教学中，我有一个习惯，和学生共同作文，学生写作文我就写教学随笔，完稿后我们在班里朗读、互相倾听、互相欣赏，分别投稿。学生有几十篇作文在《吴忠日报》《小龙人报》发表，我的教育教学随笔也常见于杂志和报纸。我还善于捕捉身边的偶发事件让学生即兴作文，并及时记录这鲜活的教学灵感，编写班级优秀作文集。与学生一起创办魅力系列小报、成语报、歇后语报、认识名人报等，均获得学校领导和老师们的好评。这些成果让我明白，研究其实并不难，只要我们做生活的有心人，注意积累和反思，一个故事、一点感受就是一篇文章，多个故事和多种感受合起来就是一本书。

《点亮星星的足迹》汇集了我多年来从事语文教学的实践与思考，用语文教孩子们学习语文，用语文夯实各科学习之基，通过语文把学生变成会学语文、因善学语文而让学习更高效的人。同时，好学、乐学、善学，学习让我拥有与时俱进的教育理念、扎实的知识功底、过硬的教学能力、科学的教学方法，并全心全意为孩子们的学习服务。作为教研员，我经常走进学校，深入课堂，课上悉心关注学生之"学"、教师之"教"，课间与老师们一起聊教学，聊学生，使教学真情境中的所见所闻，教学真情境中呈现的学情之"象"、之"真"尽收眼底。作为课堂观察者、研究者，心随"学"动，心随

"教"动,真真切切地在教学真情境中研究教学。为了亲尝教学甘苦,我每学期还会亲自备几节课去上,享受课堂上与学生的互动,欣赏学生在我的引导下成长,体验驾驭教学实践的酸甜苦辣。

工作中,我养成了写的习惯,本书用朴素的话语记录我教学工作中的点点滴滴,没有华丽的辞藻,没有优美的语言。我始终向着一个目标奋斗——真诚做人,执着做事,每天都快乐地幸福着!我努力以爱教会爱,以爱传递爱,以爱享受爱!人生因爱而精彩!

2023年5月11日

目　录

第一章
课堂教学实践

　　特别喜欢窦桂梅老师说的："我是教语文的，我是教人学语文的，我是用语文教人学习的。"我喜欢语文，渴望语文对我的滋养，能从事语文教学工作，无比自豪，我愿用生命培育生命，用语文滋养孩子。教语文的，要深谙教语文当有何为；教人学语文，要授学语文者以渔；要用语文夯实各科学习之基，把学生用语文教人学习变成会学语文、因善学语文而让学习更高效的人。在用心创设的语文大情境、好情境中，去教语文，教人学语文，用语文教人学习，沿斯途一路前行，就有了我的《日记教学》《习作教学》《阅读教学》缀连而成的一些心得，探究语文教学的实践集成。

第一节 日记教学实践

低年级孩子的日记起步

我们总认为三年级是作文起步年级，其实不然，一年级时作文就已经悄悄起步了，那就是写日记。一年级的孩子能写日记吗？能，就是用拼音写日记。孩子学习了拼音就能用拼音拼写一句话，我们就要求孩子写一句话的日记。怎样引导低年级孩子写日记呢？

一、贴近生活进行引导，培养孩子的日记习惯

1. 故事日记

低年级孩子喜欢听故事，老师可以先讲一个或读一个小故事，让他们写自己喜欢的故事里的人物，为什么？不喜欢，又为什么？

2. 小玩具日记

让孩子在日记里介绍自己的玩具。

3. 家务事日记

每天布置孩子回去为家长做一件家务，然后写下来，这样还能培养孩子爱劳动的品质。

4. 电视日记

小孩子爱看动画片，让他们把动画片的内容简单地记下来。

5. 游戏日记

爱玩是低年级孩子的天性，把与小伙伴玩的游戏写下来，应该很乐意。

6. 小吃日记

小孩子特别喜欢吃零食，让孩子把吃的零食名称写下来，并简单地记录

食物信息，如：什么味道、什么形状、什么颜色。

7. 口头日记

给家长布置作业，孩子口述，家长帮着写，培养孩子的口头表达能力。

8. 心里话日记

自己有什么小秘密，不愿告诉大家的可以写给老师。中央电视台记者采访一位叫于丹娜的老师，她教学34年，每带一届学生都让他们写心里话日记，并且对每一个孩子的心里话都给予回复。她答应为孩子们保密，她的学生和她的关系特别好，孩子们有什么话不给爸爸妈妈说，愿意和老师说，她在回复的时候，还有意识地用一些句式，比如，"你这句话说得很对，如果换成另一种什么方式说会更好"，这也是一种习作辅导。

依托生活引导孩子写日记，逐渐就会养成写的习惯。

二、激励评价，激发孩子的日记兴趣

1. 日记可长可短

日记长短不计较，只要有话可说就行，少则一句话，多则几句话，坚持下去，学生能写很多。

2. 读日记

上课之前，让他们读自己的日记，"三分写七分读"，读的时候还能发现句子中的错误，并及时修改，读得多，语感越强，能力就越强。

3. 及时表扬孩子

好孩子是表扬出来的，只要句子通顺就表扬，有时还可以夸张一些。如：你写得太有意思了。你就是未来的诗人。

统编教材从一年级下册就安排了写话教学内容，二年级安排了日记教学内容。写话就是日记起步，教师可结合教材和生活实际引导和培养孩子养成写日记的习惯，为进入中高年级的习作打下坚实的基础。

写日记，是在表达热爱与责任

布置学生泡豆子，写观察日记，没有观察就没有发现，没有细心、连续地观察就不会发现小小豆芽的成长历程。

孩子们写道："黄豆的皮皱皱的，像老奶奶的脸。""豆子们脱掉绿色的衣服，白白胖胖的，舒服地躺在水里。""我的绿豆脱皮了，像一个光着身子的婴儿，又白又胖，好可爱啊！""我发现每个绿豆中间开了一条裂缝，绿豆芽就像人的头发一样从裂缝里面钻了出来。""那白嫩的芽儿好像一条小尾巴。""经过几次观察，我明白了对一个生命负责是多么不容易，才知道了母亲的责任是多么大！"

读着这些稚嫩的文字，我很欣赏孩子们对小豆芽的呵护，通过泡豆子写观察日记，体现出孩子们的热爱与责任，更欣赏孩子们日渐进步的语言能力。罗丹说："世上不缺少美，而是缺少发现美的眼睛。"的确，孩子们满眼的美丽，能引导孩子们用童真去发现身边的温暖与感动，我是欣慰的。

马斯坦同学在《课间十分钟》中，写了一件和同学争辩他丢失的玩具是谁拿走的故事，无论是心理描写，还是对话描写，都充满了童真童趣，那件玩具到底是谁拿走了，他没有搞清楚，我也没有看明白，公说公有理，婆说婆有理，结尾处的几句话让我为之一振："我想，还是算了吧，大家都是同学，不能为了一个玩具伤了同学之间的感情，这样一想，我的心里又变得高兴起来了。"小小年纪有这样的格局，不简单哦！

一篇篇日记让我了解到发生在孩子们之间我从未知道的生动故事。看来，让孩子们天天坚持写日记，有话则长，无话可短是正确的。不能从作文的角度要求孩子们写日记，没有了篇幅与内容的要求，没有思想包袱，孩子们对日记才有兴趣，集腋成裘，聚沙成塔，不积跬步无以至千里，写作就是这样日积月累地积累语言，越写语言就越丰富。

孩子们的日记兴趣渐浓

课题《学生视角下培养日记写作兴趣的策略研究》立项后,我就带着全校语文教师研究小学生日记教学,课题组成员定期开展教研沙龙活动,交流研究成果。让我惊喜的是,老师们的成绩太丰厚了,张丽老师的七种日记形式,远远超过我的预设,而且有剪贴日记、学习日记、参观日记等几种形式,非常新颖、独特,杨洋老师的随堂日记,教给孩子们选择日记素材。

我想到了我的"大姨日记群",小孩子的语言非常有趣,读他们的日记,我心里就特别开心。他们几个从一句话到一段话,甚至满满一页,这个过程似乎没有困难。他们几个挺会选日记素材,都能及时捕捉印象深刻的或者自己感兴趣的事情。

杨文玉的:"今天下午,校长让我们集合,风太大了,把我吹感冒了,我一直难受到放学回家,一直难受,吃了药好些了。"

马吉成的:"今天早上,我读了课文,还学习了两个生字,'女'和'开',老师还给我们教了反义词,我今天学会了'上'对'下'和'左'对'右'。"

马吉庆的:"在班里,老师教我们写大课堂作业,老师说有些同学课堂上不听讲,还玩耍,作业到放学都没有写完,还哭鼻子。我要做一个听话的孩子,让老师喜欢我,爸爸妈妈喜欢我,同学更喜欢我。"

马博帅的:"今天是最冷的一天,放学我飞快地往家走,我左看看,右看看,一个小同学都没有停下来玩。我回家了,妈妈说,你怎么回来得这么快?我笑了笑说,今天太冷了,我跑回来的。"

金芊羽的:"今天,我陪妈妈去逛街,我碰见杨文玉,他也在陪他妈妈逛街,我向他招手,我们就去一起玩了。然后我又累又饿,妈妈看见了,我们就回家了。"

我都惊叹于他们的捕捉能力,学会记录这一天里印象最深的事情,而且表达非常通顺、清楚。我每天晚上都很期待他们几个的"来稿",心想,不知道他们今天会写什么呢？小孩子的潜能真是无限大啊！所以，我们要挖掘！我也常常让学生写随堂日记，每周设一节写作课，从上课开始就提笔写，直到下课，看能写多少内容。开始我担心他们一下子不知道写什么，思考的时间会占去一部分时间，但是在写的时候，我发现只有极少数的孩子会有思考的过程，大部分孩子都稍做调整就能提笔下文。

结合我们的工作经验，我们有时候为某个活动准备资料，给的时间再久都会拖到临近活动时间才准备，如果活动时间紧迫，再短的时间都能完成，我想，工作就是逼出来的，随堂日记亦如此。有时候和他们闲聊几句话，你们下课都在干什么？和谁在一起？玩什么？上课铃声响的时候在干什么？然后让他们写下来。有时候上课铃声响了，我会迟到几分钟，我让他们猜我为什么会迟到，然后写下自己的心理活动。有时候，让学生在课堂上写串词日记，就是给一些词语，让他们编写故事。学完一个单元，可以利用词语盘点，从中选择一些词语练习写一段话。

学生的日记兴趣渐浓，日记水平渐长。没有了条条框框的束缚，孩子们轻松地写日记。首先，日记是记录生活，让它成为孩子们写完作业或者是饭后的一个常规习惯，点点滴滴地积累，语言日趋丰富，自然成文。其次，日记就是习作素材，在学习"观察与发现"为题的一组课文时，我让学生泡豆子，每天写观察日记，有时候是一两句，有时候是一大段，十天之后写作文，先整合一组课文的写作方法，再组合观察日记的内容，这个时候就有了篇幅要求，还有谋篇布局的要求。学习"人间真情"的一组课文，我让学生每天做一件帮助他人的事情，或者把留心观察其他同学之间相互帮助的事情写下来，一组课文学完了，单元习作的素材就很丰富了。

我很喜欢看小孩子的日记，因为他们的语言纯真，看到什么就写什么，想到什么就写什么，没有丝毫隐藏，有童真童趣，尤其是低年级孩子，他们不会为了讨好老师，去把丑的写成美的，他们会写自己的小秘密。我的愿望就是，努力让每个孩子都能养成写日记的习惯，写好作文。

学生日记要勤查

写日记初期，教师要勤查，用督促的方式让学生逐渐养成记日记的习惯。

可以用抽查的方式，每天上课前有目的地点几个学生，让他们自己朗读自己的日记，这样，谁也不知道今天要抽查谁，你来个出其不意，让学生防不胜防，所以大家都有准备，不会不写日记，等养成习惯就不用这么被动了。

还可以在每周设一节写作课，内容不限，从上课铃声响起就开始动笔写，一直写到下课铃响。我们班的写作时间设在每周星期四下午的第二节课，这一天下午有两节语文课，一节设为写作课，一节设为读书课。写作课上意犹未尽地可以在读书课上选择不看书继续完成写作。

每周还可以有一次集体检查日记的时间，根据班级的实际情况确定检查日。每周星期五我只有一节课，有足够的时间看看每个孩子的日记，不作任何批改。日记是孩子们记录自己的生活，写什么都可以，我主要是看他们写了没有，书写是否规范。然后评选优秀日记，发优秀奖，每周发一次奖。对于有问题的日记再讲一讲，比如，语言表达不顺畅的，字迹潦草的……检查反馈之后及时返还给学生，让他们继续写下去。

学生日记勤检查、勤鼓励、勤反馈，我想，只要师生都能坚持下去，学生就会养成良好的日记习惯，积累语言，不愁他们不会写作文。

日记教学要回归儿童

语文能力包括识字、写字、听话、说话、读书、习作等，其中习作是各种能力的综合体现。针对提高小学生习作水平这一难题，天津师范大学的田本娜教授提出"小学生作文要回归儿童"这一观点。田本娜教授在《论小学作文教学》一文中说："小学生作文，不要等到三四年级才开始训练，在低年级就要开始写话、写片段练习，最好是进行写日记训练，养成写日记的好习惯，为三年级后的作文打下基础。"田教授的观点对当今小学语文习作教学具有重要的启示意义。

分享于永正老师讲过的一个案例。有一年，吉林市丰满区的小学毕业班的一次统考，考出了个令人瞩目又令人吃惊的结果——全区3000多名毕业生，语文前17名的学生都是区第二实验小学的杨巧云老师班上的，而且，班里的其他学生排名也很靠前！杨巧云老师是个名不见经传的老师，这个结果令人匪夷所思！这件事惊动了省教研室的邓治安主任。这位全国有名的语文教育专家到杨巧云老师班上调研，看看她是怎么教语文的。杨巧云老师说：六年来，她只抓了两件事，一是读书，大量地读课外书；二是写日记，有话则长，无话则短，但要坚持写。别的家庭作业基本上没有。她拿出保留的一部分同学写的日记给邓治安主任看。学生写的日记，从篇幅上看，有长有短，长到几百个字，上千字，短到只有一两句话；从内容上看，包罗万象，有记事的，有状物的，有议论的，也有写读书心得的。在这个班里，日记只是一种形式。许多日记有题目，实际上是"作文"。

教语文就是让学生多读多写。海量阅读，坚持写日记，杨老师对学生的日记篇幅和内容没有任何要求，所以孩子们没有一点思想包袱，没有任何的压力。

从学生的视角出发，培养他们日记写作兴趣，要顺应学生的需求与能力，让他们轻装上阵去写日记。有些孩子有语言天赋，他们说话滔滔不绝，写话当然没有困难了，而有些孩子话少，写起来就更是觉得没什么可写，所以我们允许有话则长，无话则短。根据生活中的经验，一个话少的人经常扎在话痨堆里，时间久了也会打开话匣子，一个班级里，有话可写的孩子会带动无话可写的孩子。我们老师做的就是顺应孩子们的需求与能力，不要给他们过高过重的压力与负担，再者，日记不一定天天写。

最近考驾照，最大的感受就是我的能力就这么大了，悟性差，方向感不好，学得慢，教练的要求还高，他的要求越高我越学不好，甚至对学车一点兴趣都没有了，若不是交了学费，我想直接放弃。孩子写日记也是一样的，我们要理解孩子。

如果让孩子们能把写日记当作自己内心的一种需求，作业再多，再累，有一件事情要记下来，有一种心情要表达出来。孩子们把日记当成是倾诉、分享、发泄的挚友的时候，我们的日记教学就是成功的。

如果从功利的角度看，写日记就是夯实作文基础，语言需要积累。著名书法家启功先生说："我的书法好，是我在'文化大革命'中大字报写多了的缘故。"当然，这是启功先生自谦的说法。作文的功底是从写日记开始，当然它不是写好作文的唯一秘诀，这种功底积累到一定的程度，我们再结合课文的学习，掌握写作的方法、要领。

从于老师的案例中，我们受到的启发很大，教语文很简单，就是读与写。

日记教学的思考

教研沙龙上，老师们就培养学生日记写作兴趣的策略谈了很多，可见，通过《培养学生日记写作兴趣的策略研究》的课题研究，老师们成长了不少。

马校长总结时说的一句话，一语惊醒梦中人。她说："大家谈了很多策略，但是对学生日记的评价几乎没有。"的确如此，评价是一种激励手段，一句夸赞的话能让学生高兴好多天。

马维琴老师谈道："我们不要求篇幅的长短，学生长期三言两语会产生敷衍的心理。"其实，马老师说得不无道理，学生的惰性是存在的，我最近也发现，学生日记中的语言概括能力太强了，可以写一个段文字的他们能用一句话代替了，虽说只是一小部分学生，但是长此以往，这种"纵容"会害了他们。对此，我们展开了讨论，日记和作文是两个概念，不能让学生把日记当作文来写，怎么能让学生对日记产生兴趣，养成日记习惯，让日记成为学生生活的一部分，乐于写日记呢？要在评价激励上下功夫。

首先，我想，灵活安排日记频次，一周内三篇日记起步，周末办一份日记小报。用减少次数保护学生写日记的兴趣。其次，上课之前请几位平时写得好的学生朗读自己的日记，把他们的日记当范文，以此启发其他学生认真写日记。再抽查平时应付差事类的学生，除了查他们是否在写日记，还可以让其他学生评价一下，指出其优点与不足，有时候兵教兵，胜过老师的说教。

家校合作，把家长资源充分利用起来，请家长给孩子的日记写评语，不要求家长写专业的语言，而是借这个平台让家长与孩子交流沟通，用文字进行心与心的交流，从而使孩子感受到家长对他们的关注，这样，既能督促家长关心孩子的学习，又能增进亲子关系。

同桌之间、小组内、小组之间相互写评语，也是同学之间交流的一种好方法，用文字交流，可以增进友谊，提高书面语言表达能力。

做任何事情，都不能流于形式，要落到实处，尤其是教育，我们有太多的责任，虽然在孩子的成长路上我们只是一位过客而已，但是，我们也要做一个合格的过客。

用日记的方式完成单元习作

写单元教材习作就像女人怀孕一样，怀胎十月才能生下健康的宝宝，这期间伴着一系列的检查、增加营养、活动锻炼等。单元习作如果单放到一两节作文课上写，就像挤牙膏，能挤出来多少呢？

单元习作必须有一个积累素材的过程，这个需要用日记来完成。围绕单元习作内容每天积累一点，大约一周以后，素材就丰富了。

四年级下册第四单元的习作是写小动物，现在的家庭大多居住在楼房里，很少养小动物，只有少数家庭会养小金鱼、小乌龟、鹦鹉鸟之类的。写动物作文成为困难，怎么办呢？询问学生，得知他们亲戚家、爷爷奶奶家有养狗、兔子、鸡的，还有养牛羊的，就布置他们作业写完或者周末可以去观察。孩子们上学、回家的路上会遇见大街上的流浪狗，每天遇见了可以多观察一下。

先帮孩子们找到动物源，然后再布置写观察日记。每天上课之前，指名几个孩子朗读日记，孩子们喜欢小动物，所以都会认真倾听，不会观察的、写不好的、不好好写的，都会从中得到启发，被带动起来。天天观察，天天写，天天朗读，老师天天点评指导。由于不要求篇幅长短，可以是一两句话，也可以是几句话或者一个自然段，没有任何心理负担，他们很乐意去写。一周以后，大部分学生能写6篇，写得最少的也有4篇，这个时候再结合单元内的4篇课文，给学生讲开头结尾、谋篇布局，怎么运用、处理日记中的作文素材，一篇完整的单元作文水到渠成，大功告成。

从进入单元学习的第一天就开始积累习作素材，为单元习作准备，再结合课文的学习，学习作者的表达方法，单元学习结束，习作自然成型，所以单元习作不是简单地放在作文课上就能完成的。有些东西不是刻意去教的。

教师分享自己的"日记下水文"

课余，我也喜欢写日记，有工作日记，也有生活日记。有时候孩子们写作业的时候，我就会拿出手机，在手机记事本里写，上课前读给他们听，一方面引导学生日记到底写什么，一方面给学生做榜样。

孩子们每天最期待的事情就是听我的日记，因为里面大多数写的都与他们有关。

每次当我拿出手机的时候，他们一下子就来了精神，腰板挺得直直的，满脸的喜悦。"今天我读的日记和杨文乐有关系。"大家一会儿看看我，一会儿看看杨文乐，充满了好奇，读完后，我告诉他们我的日记写的就是我生活中的很小很普通的事情，日记就是记录生活的。随后，我让孩子们拿出他们的日记，我随便点了一组，以开火车的形式来朗读他们的日记，有的孩子写了满满一页，有的写了半页，也有写了一句话的，无论长短，记录的都是他们的生活琐事，所见所闻，所思所想。我告诉学生，坚持写日记一定能提高写作水平，说不定还能成为作家呢。多年以后日记就是他们的成长历史，当他们长大当了爸爸妈妈或者爷爷奶奶时，再拿出自己小时候的日记来读，是多么有意义的事情啊！孩子们好像已经穿越到了那个年纪，个个脸上写满了惊喜与好奇。

写日记培养的是一种习惯，观察生活、记录生活，日记可以成为孩子生活的一部分。

培养学生日记写作兴趣的小策略

日记教学编入统编教材，成为小学语文教学的重要内容，写日记可以帮助学生养成留心观察生活记录生活的习惯。但在实践中，由于教师对学生写日记的种种要求，给学生的心理上造成了很大的心理负担，学生很排斥写日记。教师必须转变教学方式，更新教学理念，培养学生的日记写作兴趣，要从源头上丰富日记写作内容和写作形式，使写日记成为由写话通向习作的桥梁，提高学生语言文字运用的能力，夯实习作根基，提高语文素养。

一、改变传统的日记评价标准

一些教师对日记的要求基本都是对作文要求的翻版，认为作文即日记，日记即作文，单纯认为写日记就是夯实作文功底。有的教师还给日记扣"有意义"的帽子。我们必须彻底改变这种不正确的观念，不要用成人的思维要求学生。只要是学生想写的就让他们自由去写。教师不要在对学生的日记评价中出现成人化语言，更不要从作文的角度去评价学生日记。

二、培养学生良好的日记习惯

培植学生"想写"的意识，激发其"乐写"的兴趣，逐步养成写的习惯。首先，需要老师的勤布置、勤检查。其次，束缚太多会让学生丧失信心和主动写的兴趣，要解放学生的思想，使他们克服畏惧心理，教师不要给日记增加谋篇布局等条条框框的束缚。最后，各科任教师协商布置作业，减少作业量，留给学生足够写的时间。

三、引导学生摄取日记素材

生活中有取之不尽、用之不竭的"写话"源泉，充实的生活积累是学生日记取材的源泉。教师引导学生发现日记的素材，把一日内看到的、听到的、想到的记录下来，日记便不会没有内容可写。

四、创新形式为日记"激趣"

丰富多彩、各具特色的日记形式，不仅能够调动学生巨大的写作热情，而且能够拓宽生活视野，丰富情感领悟，使写日记成为一种自我要求，乐此不疲。为此，教师要在"兴趣日记"和"特色日记"上谋出路。

1. 口述日记

刚入学的小朋友不会写拼音，也不会写汉字，可以口述，家长代写。刚入学的小朋友对学校生活充满好奇，有很多话要给家长说，总是滔滔不绝，说老师、说同学、说很多幼儿园不曾经历的新鲜事，家长及时拿出提前准备好的日记本记录孩子的话，写完再读给孩子听，使孩子对日记产生浓厚的兴趣。

2. 拼音日记

在小学低年级阶段，依据课标要求，学生不需要写出成篇的文章，不需要讲求逻辑和完整性，只需学会写话，把一句话说清楚，说完整即可。教师可以引导学生学写拼音日记，让学生用拼音代替汉字写下自己想说的话，同时，教师要不断地鼓励学生尽量运用自己已经学会的字，不会写的字再用拼音代替，这样，就降低了学生写日记的难度，有利于日记教学的开展。

3. 循环日记

以小组为单位，每天依次由一位学生完成一篇日记，反复循环。为学生创造相互启发、取长补短的机会，因此，这些日记无论是选材角度，还是表达方法，都取得了明显的进步；同时，每个学生都会对前一篇日记进行简评，因而显著提高了学生的鉴赏能力；再者，循环日记取材自由，内容广泛，有利于学生从不同的角度去感受生活，积累生活素材，使日记写作始终处在鲜活的状态。

4. 班级日记

把班级看成是一个大家庭，家庭成员众多，家里的故事也就多，以《我们班的故事》写班级日记，记录每天发生在班里的故事，每个学生既是作者，又是读者，大家轮流记，每天早上，由作者在全班朗读，最后再传递给另一位同学。班级日记成为一部班级成长史，多年后，它将成为一个人、一个集体、一个时代的记忆。

5. 绘画日记

这是图文并茂、饶有情趣的一种写日记的方式，深受学生的喜爱。一篇生动流畅的日记，配上自己手绘图片，一朵花、一片叶或是一只小动物，再加上灵活多变的字体标题，妙趣横生，极大地激起小作者的热情和兴趣。而且随着日记量的增加，学生配图的水平也越来越高，不少学生还能根据日记的内容和情感特点进行配画，真有点绘本的味道，真有"文中有画，画中有文"的美妙情趣。

6. 采访日记

采访是一种社会实践活动，是学生接触社会、了解社会、接近他人、了解他人、丰富社会知识的有效途径。教师有目的地安排学生进行小型采访活动，采访身边的同学或老师、家长或亲戚朋友、值勤交警、修车师傅、私营企业主，以及社会上广泛宣传的先进典型人物等，感受他们的喜怒哀乐和酸甜苦辣。采访日记为学生创造了与人交流和了解社会的好机会。

五、丰富内容为日记"保鲜"

丰富的日记内容，能让学生心里永远保留一份新鲜感，产生写的期待。

1. 观察日记

大自然精彩纷呈，时时有美景，引导学生关注天气的变化。带领学生走进大雪纷飞，赏雪、玩雪；走进绵绵秋雨，引导观察雨前、雨中、雨后的美景；走进炎炎夏日，刚刚还是骄阳似火，顷刻间雷雨交加……都能激起学生写的兴趣，陶冶学生的情操，学生有了亲身经历、体验，便下笔如有神。

2. 主题日记

结合学校的主题教育，学生于活动中去"真做"，有"真为"，见"真景"，生"真情"，进而生发真感受，写日记。

3. 观后感日记

教师组织学生观看优秀影片，让学生在观影过程中潜移默化地接受思想道德教育，在日记中抒发自己的观影感受，内容也更加真实感人。

4. 摘抄日记

苏联的拉德任斯卡雅教授说："训练孩子们从书本上搜集材料，从某种意义上说，就是训练他们走向生活。"因此，一般每星期的日记都要布置学生摘抄记录他们自己感兴趣的资料，如名人轶事、名人档案、生活百科、时事纵横等。这不仅培养了学生课外阅读的好习惯，而且使日记成为以后写作取之不尽、用之不竭的"宝库"，从而享受到日记给他们带来的"实惠"。

5. 游戏日记

教师带领学生走出课堂，参与课间活动，为学生日记开发丰富的素材。教师要充分调动学生的积极性，不断征求学生的意见，尽可能地开展不同活动，不断变换活动形式，始终保持学生参与的积极性，既不会使学生对某一活动感到厌烦，也不至于使日记内容枯燥乏味。

6. 自由日记

前面各种内容的日记，一方面是激发学生的日记兴趣，另一方面也是引导学生明白日记就是写生活中的所见、所闻、所思、所想，写日记就是记录生活。把遇到的事情记录下来，还要表达心情，发表自己的想法。

六、多元化评价为日记"助力"

1. 教师评价

教师要深入了解学生，敏锐地发现他们写作的闪光点，懂得用赞赏的语言去激励学生，学生才会越写越爱写，越写越会写。不要吝惜使用赞赏的话语和关爱的动作、表情。

2. 家长评价

学生写完日记后，可以先把日记拿给家长看，让家长在日记本上留言。从生活的角度与孩子进行简单的交流，让孩子感觉到家长对他们的关注，可以增进亲子关系，还能鼓励孩子坚持写日记。

3. 同学评价

同龄小学生有着共同的心理、相似的思维和共同参与的经历，他们互相从自身的角度去评价同伴的日记，相互学习、相互进步。

日记是学生写好作文的基础，日记教学在语文教学中占据着不可替代的位置，让日记成为学生的生活习惯，然后上升为一种能力，一种品质，一种素养。

学生日记作品

种蒜日记

三年级（2）班 杨文轩

11月6日 星期五 晴

今天快放学的时候，老师说："你们今天回家都自己种点蒜，我们来写观察日记。"我半信半疑，心里想：不可能吧？能把大蒜种活吗？

放学回到家，我迫不及待地拿出花盆和蒜，我先把蒜一个个剥掉蒜皮，看到蒜儿们白白胖胖的，好可爱啊！我先把蒜放进盆里，让它们一个个站立起来，再浇了点水，就开始写作业，等着蒜发出绿油油的芽。写完作业，我再去看了一下，蒜没什么动静，我开始睡觉了，再做个美好的梦，梦见蒜长大了。

11月7日　星期六　阴

中午放学回到家，我看了看蒜，发现有两个蒜头是绿色的，还有几个是粉红色的，我问妈妈："为什么有几个蒜头是粉红色的，蒜快胀破开了？""我也不知道，可能是紫皮蒜吧？"妈妈说。我走过去看着蒜，心里想：蒜宝宝，你们快点长大呀！我好像听见蒜宝宝对我说："你不能只要我自己生长啊！你还要给我浇水呀！"我马上给蒜浇水，然后等着蒜快快长大！

11月8日　星期日　晴

今天是我种蒜的第三天了，我来到花盆边看蒜有什么变化，呀！昨天蒜头红的地方今天都变成绿绿的小嫩芽了！我高兴地对妈妈说："妈妈，蒜都长出小芽了！"妈妈说："那蒜很快就能长成又粗又长的蒜苗了。"我真开心啊！

11月10日　星期二　晴

我每天都要围着蒜看一看！又是快乐的一天！我背着书包到学校，走进教室问同学："你们的蒜长得多高了？"有的同学说快三厘米了，也有的说还没发芽，我们都开心地讨论着。回到家，我继续看我的蒜宝宝，呀！蒜苗长得有六七厘米高了，绿油油的，我想同学们的蒜没我的高，是我给蒜浇水晒太阳的原因吧！真希望我的蒜宝宝们能茁壮成长！

11月13日　星期五　晴

真开心！我种的蒜儿们长出了绿油油的苗，特别好看！大家都夸我很棒！只有我自己知道：要想有成果，就得付出努力，才能收获成功！

11月4日 星期六 晴

一个多星期过去了，蒜的绿色小舌头已经吐出来了，它像一个顽皮的孩子做着鬼脸，吐着小舌头，真可爱，逗得我直笑。

它长得可真慢呀！我们要学骆驼，沉得住气，看它从不着急，慢慢地走，慢慢地嚼，总会走到的，总会吃饱的，蒜也总会长大的。

第二节　习作教学实践

会说话才会写作文

三年级是从低年级向中高年级过渡的一个年级，三年级的习作要比低年级的写话高出一个层次，然而学生写作时总感觉无从下手。

《义务教育语文课程标准（2022版）》（以下简称"新课标"）对第二学段的习作要求"观察周围世界，能不拘形式地写下见闻、感受和想象，注意表现自己觉得新奇有趣的、印象最深、最受感动的内容"。"观察周围世界"是培养学生善于观察、热爱生活的好习惯，有观察才有发现。"不拘形式地写下见闻和感受"是对习作没有更多的要求，降低了习作的难度。"注意表现自己觉得新奇有趣的印象最深、最受感动的内容"，学生的生活丰富多彩，可写的内容很多，如何引导学生把生活中最受感动、印象最深、最新奇的内容写好，需要老师的引导。我觉得先说后写是比较好的方法，在说话的过程中引导学生把话说清楚、说完整，这样才能写得清楚、通顺、完整。

一、说话要清楚，别人才能听明白

下雨天，把全班孩子"赶出"教室，让他们到雨里去玩。上课铃响了，孩子们慢腾腾地走进教室，我知道他们意犹未尽，那好，没有玩好就来说说自己都玩了什么，和谁一起玩的，是怎么玩的。

一个女生说："我玩伞。"我做了一个动作，撑着雨伞站在她面前，我问她："是这样玩的吗？"她说："不是。"

"那是怎么玩的？"我又问。

她开始用手比画，我故意不朝她看，说："你说出来。"

"我用伞头玩。"

我又做了个动作，用手握住伞头的部位站在她面前："是这样玩的吗？"她摇了摇头。

"到底是怎么玩的，你能不能再说清楚一点？"

"我用伞头在水坑里甩来甩去。"

"说得太好了，这一次你说得很清楚，我想大家一定都听明白了。"

我随即告诉孩子们，说话要清楚，别人才能听明白。

二、说话要完整，才能写通顺的句子

在交流的过程中，一个男生说："我捉蜗牛了。"又是一句表达模糊的话，"你在什么地方捉蜗牛？"

"我在花园里捉的。"

"怎么捉的？"

"扒开土。"

"扒开土看见了几只蜗牛？"

"好多只。"

"你捉了几只？"

"一只。"

"哦，你扒开土看见了很多蜗牛，然后就捉了一只，对吗？你是怎么捉的？"

"抓住蜗牛壳。"

"抓起来放到哪里了？"

"放到手心里。"

"老师明白了,你扒开土看见了很多蜗牛,于是就用右手捉起来一只放在左手的手掌里了。"

"蜗牛在你的手掌里动了吗?"

"动了。"

"手有什么感觉?"

"很痒痒。"

"你现在能不能完整地把你刚才说的话连起来说一遍呢?"

这时候告诉学生要说完整的话,我让学生翻开崭新的日记本,把刚才交流的内容写下来,怎么玩的就怎么写,看到了什么就写什么,写真实的内容。

从兴趣入手为学生习作开发练笔资源

学生不喜欢写作文,不是不会写,而是不知道写什么,无话可写。学生的生活多姿多彩,可写的内容非常多,学生不懂得利用生活资源,不懂得积累习作素材,教师要巧妙借助生活为学生开发练笔资源。好的习作不是写得有多么出色,用了多少好词好句,而是一种快乐的心境,情由境生,引导学生带着好的心情去写作文。

只要谈到教学,老师们总会说"兴趣是最好的老师",可在教学中,是否真正关注了学生的兴趣呢?是否真正了解学生的兴趣点呢?

一、要善于捕捉学生的兴趣点

全县的优质课复赛在我校进行,实验学校的马明霞老师在我的班级里讲美术课《趣味文字》,那天我没有听课,但从课后学生的表情能看得出,课讲得很成功,课的内容也很有趣,学生产生了极大的兴趣。我发现孩子们意犹未尽,借此让学生评价马老师的课,我惊奇地发现孩子们会评课。借着他们的兴趣,我又让孩子们评价其他任课老师,孩子们的语言很朴实很诚恳,而且出口成章。

　　我很喜欢我的语文老师，她的声音洪亮，上课面带微笑，使我们的课堂活跃有序，我们听得也津津有味。我的语文老师与众不同。她很独特，很有风格，她讲的每一节课都令我念念不忘，老师的每一节课内容都像磁石般吸引着我们，使我们敞开心扉在知识的海洋里漫游。

——周百合

　　假如你问我平时最喜欢上什么课？我会毫不犹豫地回答：我喜欢上语文课，因为我很喜欢丁老师上课的时候对同学们的那股认真劲儿，还有老师幽默风趣的语言和悦耳的声音，好像一只百灵鸟在唱歌似的，听起来是那么亲切，那么地动听悦耳。就连老师下课与我们交流时也那么亲切，好似我们这个班是个大家庭，我们都好像是老师的儿女们一样呢！我希望丁老师在与我们沟通时脸上再添点微笑，这样我们向您倾诉时，就像和自己的伙伴、密友交流，就可以大胆地说出来了。

——金佳贝

　　我的数学老师五十多岁了，可是她的思维一点也不含糊，很清晰。她的心地善良，对我们也很好，同学们也很尊重她。她有三十年的教学经验，对我们也很负责任，教我们从不马虎。不过，我不喜欢她也有几方面，第一，她总是板着一张脸来上课，批改作业，使我们很怕她，甚至不敢上她的课。第二，我们做作业的过程中，只要有一点点错误，有时她就会骂我们，不仅破坏了师生间的友好关系，还伤了我们的自尊心，我希望她以后不要随随便便惩罚、批评我们，在上课批改作业时多一点笑容。我知道老师是为了我们好，可是别用这种方式来教育我们。

——温丹

思品课老师马校长每次给我们讲课都会给我们讲一些故事或笑话，让学习气氛变得活跃了。每次上课我们都会哈哈大笑，尤其是他的普通话，有时候他把普通话说成了自己家里说的话，我希望马校长以后可以把普通话说得更好一些。

——余辉

马老师是我们的思品老师，他讲课非常有趣，富有幽默感，我们听起来非常轻松，紧张的感觉一下子没有了，就像变成了水蒸气，消失得无影无踪。他还经常给我们讲他小时候的故事，讲得有声有色，比童话故事还有趣，我们在快乐的课堂氛围下学到了很多知识。

——田帅

丁老师上课时总会露出笑容，我们一看到笑容心里就很舒坦。语文老师要是去掉眼镜就是个美女，丁老师的字也很美，不论是写什么字，总会一笔一画的，使我们获得无穷的知识，丁老师很幽默，同学们在每一节课上都少不了笑。

——马鹏辉

孩子们不仅会评价老师讲课的方式方法，还会评价老师的人格魅力，有理有据，这些通过文字来表现，将孩子们内心的想法与见解表达得淋漓尽致，这样的练笔可以帮助学生组织语言，提高表达能力。

乘兴而来的感觉真好，我想起了孩子们都有自己爱看的影视剧、动画片，我问孩子们有自己喜欢的人物或角色吗？回答是肯定的，我说就让我们做影视剧的评论员，评价剧中的某个人物，可以是自己喜欢的，也可以是不喜欢的，评价的过程中要有理由和自己的见解。孩子们特别感兴趣，评价影视剧人物能使人兴奋，很快就动笔写了。后来又评价文学作品人物，为学生习作开发练笔资源。

二、把感兴趣的游戏带进作文

爱玩是孩子的天性，你让他们玩够了，心情畅快了，再让他们写游戏过程，他们就乐意了。孩子们不爱写作文，不是懒惰，而是因为他们不知道该写什么，这是孩子们写作文的障碍。

我和平行班老师设计游戏，在操场上玩，在课堂上玩，然后写作文。游戏"吹爆气球"是在课堂上玩的，学生边玩边写，下课了，听课的刘校长在教室里迟迟不出来，原因是孩子们玩过之后写得太好了，刘校长在欣赏孩子们的习作。我看了李白坚老师的课前游戏，在黑板上画了一个圆点，然后问学生这是什么，学生说是圆点，接着李老师问"它像什么？"学生的回答五花八门。我也试着做这个游戏，游戏之后让学生写作文，那些题目就很有趣：《神奇的圆点》《圆点随想》《圆点的世界》。

带孩子到操场上玩，玩够了回到教室里，先说后写，如《丢手绢》《猫抓老鼠》……

借偶发事件为学生创造练笔机会

一次，我文了眉毛，眉毛上面结了一层痂，又黑又粗，与我的整张脸格格不入，用同事的话说，简直就是大刀王五、蜡笔小新。

早上走进教室，正在读课文的学生不约而同地停止了朗读，几十双眼睛齐刷刷地看着我。班长凑到我身边，小声地问："老师，您的眉毛怎么了？"我笑着小声说："我文眉了。"见她没听懂的样子，我又补充了一句："给眉毛做手术了。"其他学生也听见了，都神秘地"哦"了一声。

学习老舍先生写的《猫》一课，作者抓住猫的性格古怪特点，写出了对猫的喜爱之情以及猫与人之间的感情，我告诉学生，要抓住特点写小动物，这时，我觉得练笔机会来了。

"同学们，老师这几天变化挺大的，对吗？"

"对对对。"

"老师哪里变化大？有什么特点？你们就观察老师这个大动物，然后写下来。"

学生哈哈大笑起来，真的很想知道，他们把我写成什么大怪物了。

学生写道：丁老师的眉毛变成了"愤怒的小鸟"的海苔眉了。那天早上，丁老师来到了教室，同学们用惊奇的眼光看着丁老师，我想：丁老师怎么了，是不是眉毛画得太浓了，忘了擦？还是……丁老师的眉毛使我们班的所有同学感到好奇———为什么丁老师的眉毛会变成那样呢？丁老师看出来我们很想知道她的眉毛为什么变成海苔眉毛了。老师说，她的眉毛做了手术，过几天就会好起来的。同学们听了恍然大悟。幸好丁老师还戴着一顶小礼帽，把海苔眉毛挡住了一点儿。

还有一次，教室里飞进来一只不知名的飞行蜂，这是中午的古诗文诵读时间，清脆的音乐声刚响起，同学们正翻开《古诗文集》时，"蜜蜂！"不知是哪个学生喊了一声。顿时，教室里一片混乱，同学们"啊"的一声都抬起头寻找，果然，同学们头顶飞着一只蜜蜂。于是，我停止诵读准备，和同学们一起看蜜蜂。我们一起观察它的外形，有的同学说是马蜂，一个同学反驳道："你见过马蜂？"另一个说是大黄蜂，又有同学说："中国没有大黄蜂，日本才有。"我又提醒同学们观察它飞行的姿势，这只蜜蜂不知怎么了，似无头苍蝇，在教室的墙壁上乱撞，时而侧飞，时而翻跟头，时而从房顶直泻而下，时而来个直冲云霄，我让同学们边看边说蜜蜂飞行的动作，并根据其动作猜它为什么这样飞，它遇到了什么事？

大约十分钟后，这只蜜蜂可能是飞累了，落在了暖气管上，顺着暖气管与墙的缝隙爬出了教室。

此时，我看见同学们余兴未了，我借机让同学们写作文。生活中有很多诸如此类的偶发事件，一定不可错失良机。

在活动中感受快乐，在快乐中学会习作

写作源于生活，生活由一系列活动组成。而活动作文，指的是在习作教学过程中，构建的一种以学生的活动为主要形式，以鼓励学生主动参与、主动探索、主动思考、主动实践为基本特征，以实现学生多方面能力发展，同时，能够轻松、愉快地完成写作训练的一种开放性的作文教学方法。学生通过活动发现问题、解决问题，获得经验、加深体验，写出具有真情实感的习作。

一、开发活动资源，让兴趣素材打动学生心灵

"新课标"指出："写作教学应贴近学生实际，让学生易于动笔，乐于表达，应引导学生关注实际，热爱生活，表达真情实感。"它道出了写作与现实生活的联系。同时，作文是需要激情的，许多学生因为没有激情，没有体验，没有生活，没有材料，写作时不能与现实生活相联系，而生活和活动最能激发兴趣，诱发灵感的产生。

1. 把孩子们带到室外，在玩耍中积累素材。

利用课余时间带领学生到操场上做游戏。爱活动、喜欢游戏是儿童的天性。把学习变成游戏活动形式，让孩子们在活动中自主参与，让他们在玩中观察同学们的表情、动作、语言，之后，让学生谈玩的过程中的感受与收获，在轻松作文中提高表达能力。为此，老师要有意创设丰富多彩的"玩法"，把作文就是玩的理念播种进每个孩子的心间，让孩子们感觉到作前、作中、作后都趣味无穷。痛痛快快地玩了，有感觉了、有体验了，再加上教师的巧妙点拨，学生的作文就有内容了。

2. 把游戏活动引入课堂，激发学生的作文兴趣。

爱因斯坦说："对一切来说，只有热爱才是最好的老师。"有了这位"最好的老师"，学生才有可能学得"最好"。所以要采用学生喜闻乐见的教学手段，

作文指导不越俎代庖，削弱学生的主体作用，而是把主动权交给学生，最大限度地调动起学生学习作文的积极性，培养起学生浓厚、持久的作文兴趣。学生的天性是好动的，有时候有必要把学生的双手解放出来，把有趣有益的游戏、活动引入课堂，让学生动手去玩、去做，动脑去想，才能在开心的活动中培养起浓厚的作文兴趣。

把课堂开设为赛场，让学生全身心投入，去努力拼搏，锻炼学生团结协作的竞争能力，如掰手腕比赛、夹珠子比赛……无不其乐融融，气氛热烈。让学生谈谈比赛中的故事、体会。孩子们畅所欲言，借他们的兴奋，顺水推舟，把比赛过程写下来。从赛—说—写，整个过程学生都表现出强烈的兴趣。学生在体验的过程中思维集中且又活跃，在不知不觉中下笔成文，激发了对作文的浓厚兴趣。

采用多样的活动、游戏，让学生玩得开心，让学生乐写、愿写。

二、开展节日活动，在互动中倾诉真情

利用传统节日，及时组织活动，如：老师和学生一起在教室里过中秋节。老师提前设计好活动方案，活动过程中，老师巧设情景，渲染节日气氛，激发学生情感。可以诵读关于中秋的传说和诗词，可以给同学赠送月饼，可以让同学之间相互观察尝月饼时的吃相，活动后让孩子们写真情作文。

三、上专题活动课，在熏染中积攒材料

为丰富学生生活，老师可以根据作文的训练要求，结合学校的专题教育活动，利用班队会、课外活动时间，有意开展一些专题活动，并努力使思想教育和作文训练同步，学校开展"学雷锋，树新风"的活动，班级可以设计并开展"讲英雄故事"的主题活动。活动课是孩子们喜闻乐见的，可以不定期地设计一些活动课，有意识地把学生引向综合实践活动情景中，让他们观察、体验，让学生参与其中，去"真做"，有"真为"，见"真景"，生"真情"，进而生发真感受，积累较典型的写作材料。

将作文教学回归到有趣、好玩的活动,让学生充分参与其中,有激情,有感受,有材料。总之,组织学生开展丰富多彩的活动,引导学生接触社会,深入生活实际,观察分析周围的人和事物,让学生的思维活跃起来,调动学生的情趣,才能使学生作文言之有物,言之有序,言之有味,言之有情,言之有理。

学生习作应该走向个性化

写作是为了表达和与人交流,写作必须珍视个人的独特感受,为了使学生的习作充满个性,必须引导学生大量阅读,在阅读中深入思考,积累感悟,形成自己独到的见解,有了个性化阅读做基础,还必须关注学生个性化的表达,让他们说孩子话,说真话,写真事,写自己身边发生的、亲眼所见、亲耳所闻、感受最深的事。这样学生写起来也能得心应手。笔者主要从以下两个方面引导学生个性化习作。

一、让学生走进生活"进入角色"

作文不难,首先体现在作文时要从学生的实际生活需要出发,要符合学生的年龄、心理特点,使习作生活化、情景化、趣味化,能让学生主动投入,使他们觉得真正有话可说、有文要写,能够使他们"动情",从而在一定的情景或有趣、有益的活动中达到训练的目的而不是负担。比如:有一天早晨我正在上课,突然,很晴朗的天空一片昏黄,狂风卷着沙尘打得窗子啪啪作响,学生们情不自禁地小声说道:"哇,沙尘暴",惊慌地看着窗外,根本不顾忌我还在讲课。当时我并没有去批评他们,而是停下讲课,让同学们围绕"沙尘暴"自拟题目,把刚才看到的一幕写下来,学生都迫不及待地拿起笔,一气呵成把整个过程生动、形象地写了下来。有了切身的感受,学生认识清楚了,写作文的积极性大大提高,也乐意写作文了。

二、创设情景，让学生有材料可写

往往在教师布置学生写作文时，学生总会感到无从下笔，没什么可写，这就陷入了僵局，因此，老师要根据学生写作过程的特点，精心设计一些与教学目的相关又符合学生心理特点的情景，如"描写人物一组"这一单元的习作是要描写身边熟悉的一个人。我发现学生在作文中写得很空洞、不真实，于是就有意识地给学生创设习作情景，我把我们班很有性格特点的杨晨同学叫到讲台上，让同学们说说自己眼中的杨晨同学，这时同学们很兴奋，对于这个同学，他们太了解，于是他们七嘴八舌地说起了杨晨的特点。这样通过创设情景点拨、诱导、激发兴趣，使学生能写出文章，而且写作兴趣和水平都得到了提高。

小学生习作要做到个性化，是可以实现的，小学生虽然年龄小，但他们内心世界是五彩缤纷的，可以说每个孩子的精神世界都是一本内容丰富而又不易读懂的书，需要教师用智慧和理性去理解，更需要教师用慧眼和心灵去捕捉。如能这样，就一定能够带领学生走向一片新的习作天地，领略习作后的成功乐趣。

让习作展示生活的色彩

陶行知先生说过："作文这件事离不开生活，生活充实到什么程度，才会做成什么文字。"作为教师，我们要千方百计拓宽学生生活领域，营造有趣、充实、欢快的生活氛围，引导他们"找米下锅"，这样学生方能绘童心，显童趣，叙童乐，抒真情实感。

一、抢拍生活快镜头

学生生活中有很多精彩的镜头。有时候学生不经意间嬉戏的场面也可以成为学生习作素材，看到这种情形，教师就引导同学们回忆同学嬉戏时的情形和老师进来以后的"骤变"或"转机"，抓住人物的语言、动作、神态、心理活动写成作文。学生没有做值日，老师生气甚至发火时的情形；同学之间为了一件事争得面红耳赤……这些都可抢拍下来，速成习作。

有时候正上课时，教室里进来一只飞虫，学生的心思就不在听课上了，眼睛会随着飞虫飘忽不定。面对这种情况，我每次都满足学生的好奇心，暂时停止上课，让他们仔细观察，然后等小飞虫离去时再引导他们即兴作文。由于作文题目是学生感兴趣的话题，所以学生很容易进入角色畅所欲言，写出了《班里来了不速之客》《教室里飞进了不明飞行蜂》等精彩片段，题目新颖别致，体裁多种多样，有童话故事、儿歌、想象作文等。

二、速写自然瞬时景

大自然精彩纷呈，时时有美景。教师要引导学生关注天气的变化，带领学生积累习作素材。如下了大雪，及时带学生到室外赏雪、玩雪，之后让学生写成作文。由于学生体验了雪中的欢乐，学生在体验生活的过程中有所思、有所感、有所悟、有所获，自然就会产生表达的愿望，写起来定是洋洋洒洒一大篇。秋天的雨多，可以引导学生观察雨前、雨中、雨后的情景，并将自己所看到的挥笔成篇。夏天，天气突变，雷雨交加，让学生听雷观雨，而后下笔成文。教师要充分利用这些体验，引导学生及时记录下来，以便需要时再作整理。

三、动态体验进课堂

只有激发起学生强烈的兴趣，才有可能全身心地投入到学习中去。所以，教师要采用学生喜闻乐见的教学手段，作文指导不越俎代庖，削弱学生的主体作用，而是把主动权交给学生，最大限度地调动起学生学习作文的积极性，培养学生浓厚、持久的作文兴趣。很多学生天性好动，有时候有必要把学生的双手解放出来，把有趣有益的游戏、活动引入课堂，让学生动手去玩、去做，动脑去想，才能在愉快的活动中培养起浓厚的作文兴趣。

有时，教师可以把课堂开设为赛场，让学生全身心投入，努力拼搏，锻炼学生团结协作的竞争能力。如钉纽扣比赛、掰手腕比赛，无不其乐融融，气氛热烈。夹珠子比赛时，可让学生先比赛，比赛结束后让学生谈谈比赛中的感受。学生们对此颇有兴致，把比赛的过程都谈了出来。这时，教师要趁热打铁，激发学生的兴奋点，让他们将比赛过程写下来。学生在动手的过程中思维集中、活跃，并随着兴趣的迁移，不知不觉地进入了作文之门，变得愿写、乐写。

叶圣陶先生曾说："生活就如泉源，文章犹如溪水，泉源丰盛而不枯竭，溪水自然活泼地流个不停。"教师要引导学生走向生活，蹚着生活的溪水寻源激流，在学生的内心掀起观察生活、体验生活、感悟生活、抒写生活的涟漪乃至波浪，让习作展示生活的色彩。

教作文，用好课文这个例子

教学生写作文，用好课文这个例子，至关重要。

教学《呼风唤雨的世纪》第三自然段，文中引用了唐代诗人岑参的《白雪歌送武判官归京》中的诗句"忽如一夜春风来，千树万树梨花开"，先让学生理解诗句的意思；再联系课文理解"春风"是指科学技术，"梨花"是指科学成就；最后和学生讨论，作者为什么要引用古诗句，他想要表达什么呢？讨论结果，作者想说科学技术发展太快，给我们带来了意想不到的惊喜，就像一夜之间一场大雪让所有的树木都如同开了梨花。随即告诉学生引用古诗句要用得恰当，用到合适的位置，才能起到画龙点睛的作用，诗句还要用双引号引起来。

课文结尾处又引用了英国数学家、哲学家伯特兰·罗素的名言"归根到底，是科学使得我们这个时代不同于以往的任何时代。"我们常见到文中引用名人名言，为什么引用，怎样引用？与学生讨论，要想知道名言表达的效果，先要明白名言的意思。学生很快发现整篇课文写的就是科技发展改变了我们的精神生活和物质生活，与名言表达的意思相吻合，所以名言引用到文章结尾就是点明课文中心。

"忽如一夜春风来，千树万树梨花开。"这句诗在课文第三自然段的结尾处，它与第三自然段和第四自然段有什么关系？学生开始默读第四自然段，原来这一段是给我们列举了一些科学成就，这就明白诗句起到承上启下的作用，是过渡句。和学生一起总结，过渡句在一篇文章中的出现有三种方式，可以是一个自然段的结尾，也可以是另一个自然段的开头，还可以是两个自然段之间的一个自然段，它联系着前后段的内容。

教学"走进鲁迅"为主题的单元，单元导语中有一段对鲁迅先生的外貌描写：我国有这样一位大文豪：他时常穿一件朴素的中式长衫，短短的头发刷子似的直竖着，浓密的胡须成一个隶书的"一"字……他，就是鲁迅。

我指导学生朗读这段文字，通过朗读，学生能发现并感受作者描写人物外貌的方法。

"这段外貌描写，抓住了人物的什么特点？"

"这段外貌描写，抓住了鲁迅先生的头发直而竖着的特点。"

"这段外貌描写，抓住了鲁迅先生很有特点的胡须，成隶书'一'字。"

"这段外貌描写，抓住了鲁迅先生很朴素的特点，他时常穿一件朴素的中式长衫。"

"我们再来读文字，从他的外貌描写中，你能读出鲁迅先生的什么？"

"他时常穿一件朴素的中式长衫，我觉得他是一位生活节俭的人。"

"读到了他的品质。"

"他的头发直竖着，我觉得他非常精神。"

"你读到了他的精气神。"

"他的头发直竖着，我觉得他非常严肃。"

"你读到了他的性格特点。"

"他的头发直竖着，胡须成隶书'一'字，我觉得他应该是一位做事干脆麻利的人。"

"我们每个人的理解都不同，同学们，让我们再来朗读文字，你觉得作者在写法上有什么特点？"

学生自由朗读。

"同学们，你们发现了什么？"

"作者先写外貌，最后才揭示写的是谁。"

"你真会读书，这是一种写法。"

"作者用了省略号，将人物的特点没有介绍完。"

"抓住明显特点介绍，这是一种写法。"

"第一句话很有特点'我国有这样一位大文豪：'介绍他的身份。"

"是啊，还用了一个冒号，之后开始介绍外貌，这是一种写法。"

"谁能用这种方法介绍我们身边的小伙伴？"

"我们班有这样一位同学：……"

"我们班有这样一位才女：……"

"我们班有这样一位百灵鸟：……"

"我们班有这样一位话痨：……"

"接下来让我们仿照这段文字，写一个人的外貌，可以写同学，可以写家里人，也可以写老师。"

教学《少年闰土》这一课，在指导学生朗读时，读到了闰土的外貌描写："他正在厨房里，紫色的圆脸，头戴一顶小毡帽，颈上套一个明晃晃的银项圈，可见他的父亲很爱他，怕他死去，所以在神佛面前许下心愿，用圈子将他套住了。"

"'紫色的圆脸'是个短语，该怎么读？"

"'的'字后面自然停顿。"

"谁能读好这个短语？"

学生读。

"这个短语写出人物外貌的什么特点？"

"这个短语写出人物的脸形和肤色。"

"这是一个怎样的孩子？"

"圆脸很可爱,紫色的圆脸写出了闰土的健康。"

"紫色的圆脸,可以看出他是生活在农村的,风吹日晒,脸色发紫。"

"你的生活经验真丰富。"

"老师,我们家乡下有亲戚,亲戚家的孩子就是紫色的圆脸。"

"这段文字中还有个短语'明晃晃的银项圈',这是人物外貌的什么特点?"

"这是人物的穿着。"

"具体说是人物身上的配饰。"

"你能仿照这两个短语观察我们身边同学吗?"

"黝黑的皮肤""水汪汪的眼睛""鲜红的上衣""亮闪闪的耳钉""粉色的发卡""圆圆的脸蛋"……

"我们仿照这段外貌描写来写我们身边的人。"

课文是语言学习的载体,以课文为例,引导学生写作文,培养语感,学生在朗读中揣摩语言和品味语言,积累语言素材,形成写作技能。

小学生"快乐习作"例谈

"快乐习作"的探究,其目的和意义就是让学生不怕写作文,有话想说,有话想写,有情想抒。教师不怕教作文,有自己的教学策略,教学方法教学风格。写作的过程、教学的过程就是轻松愉悦的过程,我想这就是"快乐习作"的内涵。与"新课标"对习作的要求"易于动笔,乐于表达"是相一致的。那么,如何让小学生快乐习作呢?我主要从以下几个方面做了初步的探究。

一、开发练笔资源

习作最重要的是有话可说,有内容可写,就必须要勤练笔,也就是多写。

(一)捕捉偶发事件

偶发事件最能激活学生的思维和灵感,及时捕捉,可将它们开发为学生的练笔资源。

案例一：小狗事件

这是发生在早读课上的一件事情。那天早读课，伴随着学生琅琅的读书声，我听见了狗叫声，我问学生是什么声音，没有人回答，我以为是哪个学生学狗叫，接着又听见了一声，我又问是谁在学狗叫，还是没人吭声，学生继续早读，读得特别认真，声音洪亮。后来，狗叫声又传了出来，我走下讲台去寻找，就在找的过程中，全班同学一起行动起来保护一只流浪狗，同学们眼疾手快，把小狗从一组传到二组，又从二组传到三组，但小狗不争气，大叫了一声把自己暴露了，我当时特别生气，立刻命令学生把小狗扔了出去。小狗离开了教室，但我发现全班学生都不读书了，他们用一种敌意的目光看着我。我明白他们是什么意思，于是决定抓住这个时机让他们写作文，我没有讲怎样去写，也没有让学生在写前去交流，直接提笔写。因为我明白，此时的学生内心已经蓄积了一腔的情感。

"小狗事件"让学生及时写下了自己的情感体验，不仅帮孩子们撷取了生活素材，开发了练笔资源，还使全班同学的心凝聚在了一起，增强了班级凝聚力。

案例二：听风的声音

春天的风比较大，有一次正上课，外面刮起了狂风，也许是我们班级处在边楼的缘故，楼层高，风声特别大，孩子们一副惊恐的表情。我停下了正在上的课，让孩子们闭上眼睛，敛声屏气听风声，我问："你们听到的风声像什么声音？谁听到了谁就轻手轻脚地离开座位，写在黑板上。"不一会儿，黑板上密密麻麻一大片：

"像《画皮》里女鬼的惨叫声"；

"像狼召唤伙伴时的'啊……呕'声"；

"像烧水时电磁炉发出的呜呜声"；

"像婴儿的啼哭声"；

"像抽油烟机发出的呼呼声"……

风在继续，我继续问："听到这样的风声，你们心里的感受是什么？"学生的回答是：担心、毛骨悚然、颤抖、害怕等。我又让学生想象在这样的风中，外面会出现怎样的情景？

"我想到了生海商场门前的自行车睡倒一片"；

"路上骑摩托车的阿姨丢掉了帽子"；

"我家院子里晾晒的衣服被风卷到了地上，脏脏的"；

"我想到了路上的行人眼睛都睁不开，一张嘴就美美地吃一口沙子"……

我发现学生已经被我领进了狂风怒吼之中，顺势让他们随即提笔写下自己的所闻所思。20分钟后，一半学生完成了习作，我发现平时最不爱写作文、写不好作文的学生也写上了，我看了看，还不错，当我在全班读完他的作文的时候，全班响起了热烈的掌声。

学生身边总会发生这样那样令人新奇的事情，这些事激活了学生的思维，调动了学生的积极性。教师就要及时捕捉，为学生开发练笔资源，帮助学生摄取作文素材，学生也特别喜欢写这样的文章，因为他们是偶然事件的见证人，不愁没话可写，语言是瞬间生成的，文字是自然流淌的，学生有下笔成文的快感，这样做就解决了学生"写什么"的问题。

（二）抓住身边的平凡事物

不仅这些偶然事件能写，我们身边平凡的事物都是练笔的好资源，一件小玩具就是一个好故事，两个玩具放在一起就是一个小童话，桌子上的一个小台灯，窗台上的一盆花，认真观察，都是好资源。

案例三：聊平凡事

聊开学第一天，写开学第一篇作文。

我们每学期都让学生写开学第一天，这也是一个练笔资源的开发。2015年秋，接手了一个新班，开学的第一天，我和他们聊新学期的变化，设计了一个主题"新学期里，你发现了哪些变化？"

首先，引导学生发现学校里的变化，学校北教学楼加固，校园里有砂石、砖块、石头。细心的同学能发现车棚旁边多了一间房子，猜想它是做什么用的。

其次，发现老师的变化，换了一位新班主任，和原班主任做比较，有什么不同，如，外貌、第一印象，等等。最后，发现同学的变化，有的同学头发长长了，有的胖了，有的瘦了，有的长高了，等等。

如此聊，可以拓展学生思路，培养学生的观察能力，做生活中的有心人。

用同样的聊法，我与孩子们聊新课本。

"新学期，你领到了哪些课本？"

"领到新课本的心情如何？"

"你最喜欢哪一本？"

"仔细看你最喜欢的课本的封面、颜色、图案。"

"翻开看目录，有哪些文章？有没有你读过的？"

"对哪篇文章的题目感兴趣？猜猜它写的是关于什么内容的？……"

"你打算新学期里怎样学好这门课程？"

聊完，学生一气呵成写作文。

日常生活中可以聊很多事情，写很多作文。如《竞选班干部》《上课铃响了》《老师来迟了》等。让学生真真切切地注意身边的小事，为学生开发写作素材，这种聊天式的习作调动了学生的"表达欲望"、激活了"表达素材"、提高了"表达能力"。老师在一种和谐的、轻松的氛围中，与学生侃侃而谈，作文就在交流中生成，聊的过程中帮助学生把话说清楚，规范语言，纠正错误的表达，让学生明白作文就是记录生活，并不是高不可攀，谁都会写作文。

案例四：观察平凡物

观察是习作的基本功。让学生种蒜苗，然后连续观察，写观察日记。种蒜苗的过程就是一种体验，学生喜欢动手，蒜到水里，从第二天开始就会有变化，学生觉得很新奇，他们乐意观察，乐意写作。让学生自己做家务，然后把过程写下来……只要是学生能做的，就可以引导他们去做，有这些行动为基础，学生写起来自然很容易。

春天来得比较晚，3月中上旬，春寒料峭，找不到任何春的痕迹。直到3

月下旬才暖和了两天，枯草丛中能找到那么一点点新绿，我利用大课间的时间让学生到校园里去找春天。

突然，余永花说："你们看！"说着，指着转头缝里冒出头发来的小草。这时，我们几个才回过神来。我们蹲下来，仔细观察着。我看呆了，那看似柔弱的嫩芽，竟然蕴含着如此顽强的生命力，这是多么不畏艰难，勇于向上的一颗心啊！我站了起来，把脚一跺，说："我要去探索春天的秘密，我要去寻找春天！"李佳说："对，我跟你一起去。"余永花和马雨馨异口同声地说："我也去。"就这样，我们踏上了新的旅程。

柳树细细的枝条上远看没有什么，但走近细细一看，你会发现柳树的枝条上长满了密密麻麻的嫩芽，那嫩芽黄豆一般大小，看起来好像是一群保护柳树不受侵害的小精灵。在柳树下休息，无意中发现了几只小蚂蚁，它们似乎在打扫自己的洞口，把自己洞里的土全都用嘴叼到外面，一直重复着这样的工作。看到小蚂蚁都能坚持劳动，我为什么不能坚持努力学习？我站起来又去寻找春天。

以上两段是两个从不同角度写的片段，一个注重景物，一个注重叙事。

春天里的第一场雨，利用大课间让同学们去找雨后的春天，尤其是校园里的花草树木有什么新的变化，学生好奇心强，特别高兴，对于生活中的一些事，他们也想探个究竟。

让学生走向大自然，发现大自然的奥秘。学生就会明白要想写好作文就得细心观察。

案例五：体验平凡情

情感的体验，身体体验等都可以流淌于笔尖。

县城里的孩子到田野里，不一定能分得清哪是野草哪是苦苦菜。孩子们听说去挖野菜，觉得好玩，兴高采烈，真正到田野里挖的时候，不一定会挖。

挖得过深，菜根太长，挖得过浅，叶子就散了，而且不到一会儿就很累了，让学生把体验的过程写下来。体验一次，他们的感受就特别深，劳动不容易，农民种粮食更不容易，体验的过程又是一个受教育的过程。

还可以抓住节日大做文章。母亲节前夕，让学生做贺卡，写祝福语。

创设情景练笔，上课了，老师故意迟到两分钟，让学生猜老师为什么迟到？互相猜同学们心里在想什么？进行细节描写的训练。从创设的情景进入学习场景，学生经历内心活动的体验，在谈话中激活思维，在指导中教给方法，让学生学会细节描写。

开发练笔资源可以解决学生无内容可写的苦恼，生活当中到处都有可利用的资源。

语言是一种技能。要掌握它，必须通过无数次的训练，要让学生听得清楚，说得明白，写得流畅。写的本事是训练出来的，绝非"讲"出来的。

二、把快乐的游戏引进课堂

好动贪玩是儿童的年龄特征，抓住这一特征，把游戏引进习作课堂，让学生在玩中说，说后写，让学生减少对习作的排斥，喜欢习作。

可以在课堂上先做一个游戏，用以激起孩子的表达情绪，然后请他写下这段游戏以及做这段游戏时所产生的情感，这就等于向他们提供了写作的内容。在这里，生活有了，情感有了，倘若这样的"游戏＋习作"做得多了，要他们写点什么，应该不是太困难的事。

游戏课堂是快乐的课堂。游戏，确实有很大的玩的成分。玩，必定使人轻松、愉悦；玩，必定令人感觉不到压力与功利。神经一放松，胆子就变得很大，胆子一大，思想就开放，心里没有拘束，事情就会做得更好，文章也写得好。我越来越发现，只要让孩子们玩得高兴，玩得痛快，然后你让他们做什么都愿意，都能做好，哪怕是写作文。老师设计一些新颖、独特、有趣的游戏，点燃学生参与活动的激情。调动了所有孩子的兴趣，从不同角度来写，自由命题。老师点拨得当，积极鼓励、善于提问、正面引导。学生由玩、评，到谈、写，形成了一个互动的过程。

我设计了《押韵游戏》《拼句游戏》《吹爆气球》《押韵大比拼》《掰手腕》等游戏。这样以学生为主体，创设情景，开展活动，激发了学生写作的欲望。充分调动了学生的眼、耳、鼻、口、手。引导学生仔细观察，认真倾听，合理想象，以达到提高学生写作水平的目的。这种自由的写作，完成了学生从素材到作文，从情感观点到作文的很好的练习，将学生当场生成的内容写成作文，解决了"写什么"的问题。

把游戏的观念引入作文教学，会带来很多的好处。

第一，学习环境轻轻松松、快快乐乐，容易激发孩子们的潜能，触发他们的创造力。孩子们再也不害怕作文了，不但不害怕，反而喜欢带有游戏意味的作文课了。

第二，孩子们从此有了写作的内容，再不用挖空心思地去说假、大、空的语言。

第三，游戏本身还将带给他们许多的文化知识。而这些看不见的文化知识，给他们思维的扩展与深化带来的好处，是怎么估计也不会过高的。

"新课标"指出，要让学生"易于动笔，乐于表达"，把游戏观念引入课堂作文，较好地贯彻了教育部的这个"八字方针"的。

三、多元的习作评改

1. 简约式修改

长期以来，作文教学中高耗低效现象普遍存在，老师们不辞辛劳、认真地批改学生的作文，但对批改方法和过程往往重视不够。学生拿到我们批改后的作文，有的只是看看成绩，读读评语，改改错别字，很少主动地针对教师指出的问题进行修改；有的对于教师精心批改的习作往往视而不见。难怪叶圣陶先生曾指出："教师改文，业至辛勤，苟学生弗晓其故，即功夫同于虚掷。"简约修改不是不修改，而是从学生的视角看学生的习作。

首先，尽量不要改动学生的作文，我们应该站在孩子的角度，以孩子的眼光来看、评价。只要把真实的情感写出来，哪怕是很幼稚，甚至很可笑，关键是看他写得是否清楚，是否表达了自己的意思。看"写情"存在哪些问题，叙述是否清楚，错别字大概占多少，标点的运用是否准确等，对这些做到心中有数，在以后的教学中逐步引导。

其次，用红笔勾画出精彩的句段。写得好一点的用"小作家"的印章来激励，根据前一篇习作来评价是否有进步，有进步的，可以增加"小作家"的数量。

简约式修改重在激励，保护学生的习作热情。我们不是培养作家，目的是让他们会用笔记录生活。

2. 互动式修改

相互修改是通过同桌之间、小组之间、组与组之间互换修改，提一些修改建议和意见，教给学生"五读"修改法。

一读：圈出错别字。

二读：勾画出不通顺的句子，标上问号。

三读：画出错误或书写不规范的标点符号。

四读：标出好词好句。

五读：写评价语。

能发现别人的错误就能改正自己的错误。错误是最有价值的，知道错误就会知道什么是正确的。

3. 自主修改

可以在互动修改之前，培养学生写完作文后自主修改的习惯。也可以在互动修改之后，根据同学的修改建议和意见再修改自己的作文，改错字、改句子等。

互动式、自主式修改就是把作文评改权交给学生，但要教给学生修改方法。

4. 上习作讲评课

于永正老师说过："我们的作文教学，重要的是上好讲评课。"可见，作文讲评课重于指导课，讲评课可分为个体点评和集体点评两种形式。个体点评，简约式修改后，让学生读作文本上得了红五星的句子，只要得了就读，其他学生倾听，听后发言、点评，为什么会得红五星，相互学习，让优点扩大，推广。集体点评，引导学生从优秀习作中感悟习作方法。如《开学第一天》，学生写得不错，层次清楚，事情叙述得也很清楚。习作思路：出发——路上——校门口——校园中——教室里，几乎所有学生都按这条线来写，但具体到每一部分，内容是不一样的，因为大家所遇不同、所闻不同、所聊不同。线一样，但线上的珠子不同；骨架一样，但架上的肉不一样。然后让学生像阅读一篇课文一样阅读自己的文章。

作文点评课就是"先写后教"。

无论是哪种类型的习作点评课，其目的是让同学之间相互学习借鉴，如果坚持做下去，"怎么写"和"写好"的问题便迎刃而解。

5. 随时点评

除了专门的讲评课外，还可以随时讲评。每天利用课前几分钟时间，挑出一篇优秀的或者典型习作，优秀习作由本人来读，写得不好的隐去姓名由老师读，然后点评，好在哪里；不好，问题出在哪里，怎样修改，提建议。这样的过程就是相互交流、相互学习、相互提高的过程。

总之，习作训练不是选拔考试，习作评改是一种"诱导"，诱导学生写得多，写得好，诱导他们产生兴趣，坚定信心，使他们"易于动笔，乐于表达"。因此，评改时，更多的是激励，只要学生的习作有真情实感，做到文从字顺，叙述清楚，就给高分。

统编教材习作单元教学解读及教学建议
——以四年级上册"把事情写清楚"为例

统编小学语文教材（以下简称"统编教材"）创造性地设立了习作单元，使习作序列化，同时加大了"习作在教科书中的分量"，其目的是对学生习作能力的提高进行专项训练，充分落实"新课标"提出的"文化自信""语言运用""思维能力""审美创造"的十六字核心素养。

一、统编教材习作单元的编排

统编教科书从三年级开始共编排了八个独立的习作单元。

册次	内容	习作要素
三年级上册	观察	仔细观察，将观察所得写下来
三年级下册	想象	发挥想象编故事，创造自己的想象世界
四年级上册	记事	写一件事，把事情写清楚
四年级下册	写景	学习按游览的顺序写景物
五年级上册	说明文	把某一件事物介绍清楚
五年级下册	写人	初步运用描写人物的基本方法，尝试把一个人的特点写具体
六年级上册	围绕中心意思写	从不同方面选取不同事物，表达中心思想
六年级下册	写出情感	选择合适的内容写出真情实感

从内容上看，八个习作单元大致勾勒出了整个小学阶段习作教学的主要内容，三年级培养学生"观察""想象"两项基本功；四五年级会写四类记叙文，"按一定顺序叙事""按游览顺序写景""抓住特点介绍人和物；六年级达到"围绕中心意思""表达真实情感"为更高要求的训练，形成一张阶段性明确、逻辑性较强的习作教学序列网。

从"写作学"角度看，这八个内容反映了写作的若干"基本面"，既涉及写作活动中的客体，又关联写作的主体，还包括写作的文本、文风等。这八个内容的安排，从小学生运用语言文字进行表达和交流的实际出发，择其习作活动的精要，逐步培养学生观察积累、思维想象、组织内容、运用语言、修改分享的能力。这八个内容并非孤立存在，它们串联成一条主线和统编教科书中其他单元的习作互相呼应。

二、习作单元各板块内容的编排

习作单元由单元导语、两篇精读课文、交流平台、初试身手、两篇习作例文、单元习作组成，结构独特、紧密联系。

这些内容是发展关系。四年级上册第五单元的"单元导语"中提出了本单元的习作教学目标"通过写一件事，学习怎么把事情写清楚"，选编了《麻雀》《爬天都峰》两篇精读课文，帮助学生习得"把事情写清楚"的习作方法。《交流平台》对前面两篇课文中"把事情写清楚"方法的梳理总结、提炼。有了初步的认识后，学生在《初试身手》中实践练习。习作例文是学生"把事情写清楚"实践后再认识，更加具有操作性，灵活使用。最后才是单元习作。这些内容环环相扣，是认识、实践层面上的发展和螺旋上升。

三、习作单元教学存在的问题

面对全新的单元编写内容，部分教师对习作单元编排意图认识不清，把习作单元与普通阅读单元的教学方向一致对待，主要表现为以下几个方面：

1. 孤立处理各板块内容，教学目标不聚焦，缺乏单元整体性。

2. 课文教学的目标偏重阅读理解，未指向表达方法的习得。

3. 将习作例文当成课文教，忽略其与习作的关联。

四、"把事情写清楚"单元内容的组合教学

习作单元以培养学生习作能力为核心指向，本单元的人文主题是"我手写我心，彩笔绘生活"，习作要素是"写一件事，把事情写清楚"，综合单元主题和习作要素，提炼概括本单元的习作主题是"彩笔绘生活，写一件事情"，主题内涵比较聚焦，"彩笔"意味着学生生活是多彩的，观察生活的视角是丰富的，"彩笔绘生活"就是让学生用丰富的素材来展现对生活的体验，培养学生热爱生活、积极乐观的生活态度。

（一）"把事情写清楚"能力训练的纵向关联

把四年级上册第五单元"写一件事，把事情写清楚"的习作要素梳理一下，在本单元之前，学生已经有哪些相关的语文表达基础。

学生起点分析	
阅读能力	习作能力
1. 了解课文是怎么围绕一个意思把一段话写清楚的。 2. 能了解故事的起因、经过、结果，学习把握文章主要内容。	1. 能把观察时印象最深的一种事物或场景写下来。 2. 能观察事物的变化，把过程写清楚。 3. 能写一件简单的事。

"写一件事"对学生来说并不陌生，学生已经阅读了一些"写清楚的"文章，三年级下册课文《赵州桥》中有许多段落围绕一个意思把这段话写得很清楚。第3自然段为了写清楚"赵州桥非常美观"，详细介绍了桥面石栏上精美的图案，把各种姿态的龙写得活灵活现。《一幅名扬中外的画》第3自然段写了各种各样的店铺，还写了来来往往、形态各异的人，清楚地写出了"画上街市的热闹"。

学生还进行过一些"按一定顺序写""写清楚"的相关练笔。

册次	单元	习作要求
三年级 上册	四	1. 根据插图提示续写故事，把故事写完整； 2. 学写一件简单的事，把事情的过程相对完整地写下来。
三年级 下册	二 三 四	1. 看图作文，把图画的内容写清楚； 2. 写清楚自己感兴趣的一个传统节日的过节过程； 3. 观察事物的变化，把实验过程写清楚。
四年级 上册	五 六 八	1. 写一件事，把事情写清楚； 2. 按游戏前、游戏中、游戏后的顺序把游戏写清楚； 3. 写一件令你心儿怦怦跳的事情，写清楚事情的经过和当时的感受。

分析以上各册次相关习作练习，我们发现"按一定顺序把事情写清楚"的具体指标在逐渐渗透，学生在三年级时学习了"把故事写完整""把事情的过程相对完整地写下来"，写清楚首先是写完整。从三年级下册开始，教材聚焦"写清楚"，循序渐进地引导学生从"图画内容"到"过节过程"，再到"实验过程"，进行逐一训练。写清楚图画信息的基本模式是"图画上有哪些人？他们在干什么？他们的动作分别是怎样的？可能说了哪些话？""写的时候要把自己看到的、想到的写清楚。"有了细节描写，把实验过程写清楚，写的时候，可以用上"先……接着……然后……最后……"给了一种句式，怎样把事情写清楚的方法逐渐明晰。

以上是"把事情写清楚"之前的训练，从学情来看，学生已经有了"把事情写清楚"的基本能力，写一件事情，从三年级就开始训练了。

写清楚经过是难点，四年级上册第五单元习作《生活万花筒》是在这些学习基础上进行的：选一件印象深刻的事，按一定的顺序把事情的经过写清楚，可以是亲身经历的，也可以是看到的、听到的。其实，就是有条理地、按一定顺序写一件事，把经过写清楚。

在它之后又有哪些训练呢？四年级下册第六单元习作，按游戏前、游戏中、游戏后的顺序把游戏写清楚，写之前可以想一想"游戏前，你做过哪些准备？""在游戏中，你做了些什么？印象比较深刻的是什么？""游戏后，你有什么想法和感受？"第八单元习作，选一件令你心儿怦怦跳的事情，写清楚事情的经过和当时的感受。"写清楚"的指标向前推进到"有一定的顺序，还要有细节，就是事情的经过和感受"。

由此可见，三年级和四年级上册的习作练习，是对写一件事的相关要点的阶段性小练笔，是对写完整、写清楚等方法的认知与理解，为五六年级"把游戏写清楚""把事情写清楚"等习作训练奠定坚实的基础。最终落实如何把故事写清楚，由此可见，四年级上册"把事情写清楚"的习作训练非常重要。

（二）"把事情写清楚"单元各部分内容的横向关联

习作单元的五部分内容，既有发展性，又相互关联，形成一个整体。

精读课文《麻雀》是了解课文围绕"麻雀"写了一件什么事，事情的起因、经过、结果是什么，《爬天都峰》是了解课文写了一件什么事，按照什么顺序写的。

精读课文的阅读要素与习作要素是非常一致的：一是了解作者是怎样把事情写清楚的。二是写一件事，把事情写清楚。引导学生体会作者是怎样把事情写清楚的，学习课文的表达方法、感知方法。

《交流平台》结合两篇精读课文，梳理总结把事情写清楚的方法：写一件事，要把事情的起因、经过、结果写清楚；时间、地点、人物要交代明白，是对"把事情写清楚"的认识。

《初试身手》是尝试把图片内容说清楚，用一段话把观察别人做家务的过程写下来，是运用方法进行片段练习。

两篇"习作例文"选取的是运用本单元写法写出来的例文，贴近学生生活，易于模仿。《我家杏熟了》《小木船》为"写一件事"提供范例，文中旁批指向如何写清楚，可与习作结合，共同达成"用"的目的。"习作"是运用学到的习作方法进行习作实践。

从"精读课文"感知方法，到"交流平台"梳理方法，到"初试身手"

尝试方法，再到"习作例文"印证方法，最后到"习作"运用方法，这是一个围绕核心要素呈现出循序渐进的整体架构。

（三）"把事情写清楚"单元的整体目标定位

习作单元教学和普通阅读单元教学目标有异同，相同之处在于教学目标不是单一的，都有习作目标、阅读目标、一般性目标（识字写字、词语积累、情感熏陶）。不同之处，目标的重点不同，习作单元中学生能写好单元习作是重点目标。习作单元的教学目标指向习作，教学时要聚焦目标，整体观照，整合单元学习材料，重组单元板块，进行单元整体设计实施教学，有效落实语文要素，提高学生的习作能力。当然，教学的时候其他目标也不能忽略。

同时，确定单元目标要有学段意识，清楚学段"把事情写清楚"的具体要求。

学段目标："新课标"在第二学段的"表达与交流"中指出"观察周围世界，能不拘形式地写下自己的见闻、感受和想象，注意把自己觉得新奇有趣或印象最深、最受感动的内容写清楚"，本单元教学对应并落实学段教学目标。

单元目标：单元导语直接揭示了本单元的教学目标"了解作者是怎样把事情写清楚的""写一件事，把事情写清楚"，明确了本单元"教什么""学什么"。第一个目标要在精读课文和习作例文中解决，第二个目标是在第一个目标完成的基础上。教学精读课文时，教师要重点引导学生关注课文的表达方法，《麻雀》一课如何清楚交代事情的起因、经过、结果，如何清楚展现事情发展过程中的内容。《爬天都峰》如何抓住怎么想、怎么说、怎么做等，把事情发展过程中的重要内容写清楚，因此，本单元的学习目标确定为：

1. 认识12个生字，读准1个多音字，会写23个生字，会写32个词语。

2. 通过阅读，懂得写一件事情要按一定的顺序。

3. 通过阅读，体会如何抓住怎么想、怎么说、怎么做等，把事情发展过程中的重要内容写清楚。

4. 能梳理把事情写清楚的方法。

5. 能发挥想象把图片的内容说清楚，能用上表示动作的词语把做家务的过程写清楚。

6. 能选择一件印象深刻的事，按一定的顺序把这件事情写清楚。

7. 感受生活的丰富多彩，感受爱与成长，体会记录与分享生活的快乐。

8. 能运用评价工具对是否写清楚一件事作出反思与评价。

目标1是学习每一篇课文的基本任务，是一般目标；目标2~4是指向习作知识和习作技能，是阅读目标；目标5~6是指向习作，重点目标；目标7是提高学生人文素养的；目标8是习作评价。8个目标体现"新课标"教、学、评一致性的课程理念，"课程评价应该准确反映学生的语文学习水平和学习状况，注重考查学生的语言文字运用能力、思维过程、审美情趣和价值立场，关注学生学习过程和学习进步"。

素养立意的学习目标就是以学生为主体的目标，是学生学习的目标，老师是帮助学生完成学习目标的。素养立意的学习目标需要立足学生视角、突出学生学习后的收获、提高、发展和变化。习作单元精读课文的教学在阅读理解上不做细致的分析讲解，重点是习作知识的感知与习作技能的训练，本单元教学应鼓励学生在习作时有意识地迁移运用，这样的目标定位，才能提高学生的语文核心素养。

（四）内容组合，凸显精读课文的"语用"价值

教材的编排顺序不是教学顺序，统筹规划各板块内容，结合课后练习设计教学活动。

1.《麻雀》+《交流平台》+《初试身手》

学习活动一：课文写了谁和谁之间发生的什么事，了解故事的起因、经过和结果。

小结：阅读这样的文章，可以先弄清是谁和谁之间发生的事，然后梳理出事情的起因、经过、结果，再把这些内容连起来，就可以把握文章的主要内容。写一件事情，就要把事情的起因、经过、结果都交代清楚，才能让人看明白。相机融入《交流平台》第一格、第二格的内容。"写一件事，要把事情的起因、经过、结果写清楚；时间、地点、人物要交代明白"。

学习活动二：课文是怎样把主要内容写清楚的。

学习提示：①找出描写小麻雀的句子，感受它的处境；②找出老麻雀救小麻雀的句子，感受它的英勇无畏；③感受猎狗进攻与退缩。

看到的：猎狗慢慢地走近，嗅了嗅，张开大嘴、露出锋利的牙齿，慢慢地向后退；小麻雀呆呆地站在地上、无可奈何地拍打着小翅膀；老麻雀像一块石头似的落在猎狗面前、挓挲起全身的羽毛、浑身发抖。

听到的：老麻雀绝望地尖叫着、发出嘶哑的声音。

想到的：猎狗好像嗅到前面有什么野物、没料到老麻雀会有这么大的勇气；老麻雀不能安然地站在高高的没有危险的树枝上，一种强大的力量使它飞了下来。

小结：文中印象深刻的部分就是这件事的重要部分，写一件事，不仅可以写看到的，还可以把听到的或想到的写下来，清楚展现事情过程中的重要内容。这一环节，就是借"写了什么"去发现"怎么写的"，《交流平台》第四格的内容得以落实。"作者把看到的、听到的、想到的都写了下来，活灵活现地展现了麻雀和猎狗相遇时的情形。"

学习活动三：完成《初试身手》，迁移运用。

《初试身手》作为习作前的片段练习，一方面关联课文的学习，另一方面关联单元习作，是习作前的试写，从中快速确定学情，精准推进单元习作，可以真正做到顺学而导，对学生习作能力的提升起到明显的作用。所以，教学时与其他教学内容进行重组，安排在恰当的教学节点进行，极大地降低了单元习作教学难度。

（1）完成《初试身手》第二题。观察家人炒菜、擦玻璃或者做其他家务的过程，用一段话把这个过程写下来，注意运用表示动作的词语。

教师可以采用在《麻雀》中学到的动作描写方法，对描写做家务过程进行专项练笔。

（2）完成《初试身手》第一题第一幅图。引导学生观察图画，联系真实的运动会场景，按照"起因""经过""结果"的顺序，对画面内外的情景进行合理想象。描述所见、所闻、所想，还可以让学生假设自己是画中的某个人，将个人经验带入其中。同学互评，是否做到"顺序清楚""重点部分清楚"，引导学生思考，如何根据情景选择恰当的描写方法。

2.《爬天都峰》+《交流平台》+《初试身手》

学习活动一：借助要素，把握内容，厘清写作顺序。

学习提示：课文写了一件什么事？按什么顺序写的？

梳理顺序的时候，学生会根据学习《麻雀》一课的经验，按"起因""经过""结果"顺序梳理，发现《爬天都峰》不存在这样的顺序，教师利用《交流平台》的第二格引导学生根据事情发生的"时间""地点""人物"三要素整体把握课文内容，利用第二格确定课文的顺序，是按"爬山前""爬山时""爬山后"的顺序写的。

启发学生：写一件事情，还有没有别的写作顺序呢？回顾学过的《盘古开天地》《女娲补天》等。不同的事可能有不同的顺序，但是，都要按一定的顺序写，这样才有助于把整个事情的来龙去脉交代清楚。

学习活动二：聚焦重点段落，学习把事情写清楚的方法。

学习提示："我"开始不敢爬，最后爬上去了，课文是怎么把"我"爬山的过程写清楚的。

（1）借助要素，把握内容，探寻人物内心活动

"小朋友，你也来爬天都峰？"

"老爷爷，您也来爬天都峰？"

"对，咱俩一起爬。"

教师引导学生思考：两人说话的意思一样吗？相同话语里隐藏着不同心理，可以提炼"写清楚"的方法：抓住人物是"怎么想""怎么说"的。

（2）爬山中是怎么做的（爬山的过程不是重点）。

（3）聚焦语言，勾连前后，领悟课文中心思想。

第二次对话，相互致谢，认为是对方的勇气鼓舞了自己。

"谢谢你啦，小朋友。要不是你的勇气鼓舞我，我还下不了决心哩！现

在居然爬上来了！"

"不，老爷爷，我是看您也要爬天都峰，才有勇气向上爬的！我应该谢谢您！"

爸爸听了，笑着说："你们这一老一小真有意思，都会从别人身上汲取力量！"

"汲取力量"学生不容易理解，可以通过补写的方式，将学生"怎么说""怎么写"联系起来，如勾连第6自然段"奋力向峰顶爬去"，想象可能会遇到哪些困难，会说些什么，借助语言描写出"汲取力量"的具体表现，领悟中心思想。

引导学生思考：写一件事，要按照顺序写，同时作者把"我"是怎么想的、怎么做的、怎么说的都写了下来，把整个过程就写得很细致、很清楚了。

学习活动三：完成《初试身手》，迁移运用。

《初试身手》不仅是习作教学的"练兵场"，更是完成习作任务的"素材库"，讲完课文之后，重视发挥《初试身手》对课文方法运用的诊断作用。

《爬天都峰》与《初试身手》第一题第二幅图相结合。引导学生观察图画，呈现了是什么场景——奶奶的生日聚会。联系真实的生活场景，发挥想象，把图片内容说清楚。

（1）按时间、地点、人物把事情交代清楚。按"生日聚会前的准备""生日聚会""生日聚会之后"的顺序把事情的来龙去脉交代清楚。

（2）把"生日聚会"重点部分说清楚。

看到画面上人物的动作、样子、表情；听到的声音，如果自己就在生日聚会上，会听到些什么，如燃烧蜡烛的嗞嗞声、大家的祝福语、唱响的《生日歌》；当时的感受和产生的想法。

（3）同学互评，是否做到"顺序清楚""重点部分清楚"，引导学生思考，如何根据情景选择恰当的描写方法。

（五）单元习作，发挥习作例文的"例子"作用

习作例文位于精读课文、"交流平台"和"初试身手"之后，单元习作

之前。独特的编排位置，决定了习作例文教学的独特价值。习作例文的选材贴近学生生活，容易引起学生共鸣，贴近学生的表达水平，具有模仿借鉴价值。

习作例文一般由正文、旁批和文后习题组成，旁批和文后题是学生自学的有力支架，也是帮助教师确定教学重点的。学生在学习精读课文时，就已经对本单元的习作知识有了一定了解，教学习作例文的时候，教师不需要步步为营地分析，给学生充足的时间，让学生借助旁批和文后题思考，了解习作例文的学习重点。

本单元的习作例文《我家的杏熟了》《小木船》，教学价值（教学目标）是：进一步体会要按一定顺序写事，交代清楚事情的起因、经过、结果；能够按一定顺序把一件事情写清楚；课文通过写奶奶的动作、语言描写把奶奶"分杏"的事写清楚；"我"和陈明友谊破裂、和好的过程，把他们怎么说的、怎么做的、怎么想的写出来，过程就清楚了。是对精读课文中习得的习作方法的再认识。

习作例文的使用没有固定范式，教学中习作例文可以根据学习的需要灵活选用，可以是在习作前的指导，可以是习作后的讲评。可以使用全篇，也可以选取片段使用。但教师绝对不能对"习作例文"撒手不管，放任学生自己阅读。

（六）习作教学建议

1. 根据单元学习，顺势而教

精读课文、习作例文的学习，还要了解作者是怎样把事情写清楚的，到习作时直接写作文。当然，认真审题，明确习作要求，给足够的时间写作文。

2. 构思先行，想清楚再写

设计交流话题，写什么题目，什么事情，要按什么顺序写。

3. 重视二次指导、二次习作

（1）根据学情而教

习作能力只有动笔才能获得，这就比如学习考驾照，学会开车最好的方法是上车实践操作，而不是听教练讲。习作课也一样，要把更多的时间留出来让学生动笔写，写完后针对学生习作成品交流、讨论、修改，这是提高习作指导效率的最佳方法。对于学生写作过程中的困难和问题，向课文和例文学习。为学生提供写作支援，打开写作思路，助力学生自主调用，实现写作知识向写作能力的转化。变"教材"为"学材"，才能帮助学生更好地学习。

（2）落实修改和交流环节

好文章是改出来的。动笔写是提高的一个途径；分享、交流、修改也是提高的一个途径。对于修改，"新课标"在不同学段都有要求，中年级"学习修改习作中有明显错误的词句。根据表达的需要，正确使用冒号、引号等标点符号"。高年级要求"修改自己的习作，并主动与他人交换修改，做到语句通顺，行款正确，书写规范、整洁。根据表达需要，正确使用标点符号"。

从流程上：自我修改，同伴修改。

从方法上：自我修改，一边出声读，一边修改。

叶圣陶先生说过："修改稿子不要光是看，要念"，老舍先生也曾说："我写作中有一个窍门，一个东西写完啦，一定要再念再念再念，念得顺不顺？准确不？别扭不？逻辑性强不？"语感有一种很奇妙的力量，我们老师应该有这样的绝对经验，出声读出来就能感觉到某个词用得不恰当，某个句子不通顺，这样的词句就需要修改。自我修改完就要同伴修改，很多时刻，自己觉得自己写得很清楚了，但别人未必能看得清楚，自己的问题自己发现不了。

围绕习作目标修改。是否按顺序写了，事情的经过是否都写清楚了。单元习作基本每次都有习作完毕交流、修改的要求。《生活万花筒》要求"写完后，读给同学们听，请同学们说说这件事是否写清楚了，再参考同学们的建议修改"。所以，第一次习作完成，绝对不是习作教学的终点，而应该是习作教学的另一个开端，一定要引导学生在现有的基础上进行修改。

根据习作要求和目标设计修改评价标准：是否有顺序，是否把重要内容写清楚了（发展过程），有没把看到的、听到的、想到的写进去，是否把怎么想、怎么说、怎么做写进去了。

总之，习作单元教学，教师要准确解读各板块内容的教学价值，精准确定教学目标、聚焦目标，将各板块内容统筹规划，有效组合使用，最大化发挥其教学的价值，培养学生语言文字运用能力，提高学生习作水平。课堂上基于学生的习作现状进行指导，把习作课真正还给学生，把培养学生的表达能力落实到位。

参考文献：

［1］景洪春.深度学习下小学语文习作单元活动设计与思考 [J].语文建设，2021.01.

［2］巫新秋.建立连接间隔训练 [J].小学语文教学，2021.4.

［3］沈培.生活万花筒习作教学设计 [J].小学语文教学，2019.10.

［4］廖馨梅.有效运用习作单元板块，追求语用能力的高质量发展 [J] 小学语文，2021.10.

［5］郑丹，吕毅.借《初试身手》，精准推进习作单元教学 [J].小学语文，2022.4.

［6］冯发柱.习作单元教学之我见.[J].小学语文，2021.10.

［7］李森.习作例文教学的三种视角 [J].小学语文，2022.5.

［8］中华人民共和国教育部.义务教育语文课程标准（2022版）[S].北京师范大学出版集团，2022.

第三节　阅读教学实践

课堂教学追求实效

课堂是学生获取知识、练就学习技能的阵地。因此，提高课堂教学质量是提升学生素养的关键。教育已经步入新的时代，课堂教学改革已经成为必然，无论是教师的教学方式，还是学生的学习方式都发生着变化，学生的学习空间与时间得以拓展、延伸。在语文实践活动中学习语文知识，掌握学习技能，提升语文素养。但是，为了追求高效课堂，部分教师是跨越式发展，从"有效课堂"的平地一跃而过，导致在"高效课堂"的山头摇摇欲坠。所以，高效课堂必须脚踏实地，在有效课堂的平地上一步一个脚印。

课堂教学中给学生独立思考的时间。有些教师在课堂上喋喋不休，自问自答把持课堂，剥夺学生的话语权，这样留给学生思考的时间、阅读感悟的时间自然也就少了，学生始终是被老师牵着鼻子走，学生的主体作用没能得到很好地发挥。一堂语文课的好坏，不在于老师提的问题的多少，而是看问题有没有思考价值，在于学生有效思维时间的长度。静思默想，此处无声胜有声，所以课堂上要留给学生足够多的思考时间，思考的时间越长，说明学生的学习越深入，获得的理解就越深刻，个性化的见解就越明显了。

其实，学生酝酿的过程，也是教师下一步教学指导的过程，急于求成的教学难免会蜻蜓点水，出现夹生现象。给学生充分的时间独立思考，课堂就远离了浮躁与肤浅，学生就会静下心来深入阅读。

不动笔墨不读书，这是教给学生读书的方法。苏霍姆林斯基说："孩子的智慧出在手指尖上。"就是这个意思，学生阅读时的圈、点、勾、画，展现的是学生的思维路径，他们为了一个词或一句话冥思苦想，每个学生都经历思考的过程，拥有属于自己的见解和话语，从而打破了课堂上只有少数学优生独占话语权的局面。所以，教学中多安排学生动笔，有了用笔思考和表达的过程，学生的交流不再是简单重复的几个词语了，不再是"无法用语言表达"。

让学生发现语言的精美。一篇课文，学生读过几遍之后，大致能了解课文的主要内容，课文中含义深刻的句子和经典的细节描写值得我们咀嚼与品味。所以，教学时不要把课文支离破碎，讲得面面俱到，一堂课下来，似乎什么都教了，又似乎什么都没有给学生留下。《丁香结》课后第三题"丁香结引发了作者对人生怎样的思考？结合生活实际，谈谈你的理解。"对于课文重点段落的感悟、体会文章所表达的情感，要通过朗读，以读促悟，只有读懂了，才能感悟到。精美的内容让学生学得充分一些，扎实一些，细节的品读是不露痕迹的写作方法的渗透。所以，教师要有解读、审视教材的能力，去发现教学核心价值。

把语言的训练落到实处。一堂课上的语言训练处处有，课堂上只要有师生对话、生生对话，就有了语言训练。语言是技能，必须在听说读写的训练中培养学生自然、流畅的表达习惯，让学生从说一句完整的话开始，也是习作教学的潜指导，会说才会写。语文教学离不开字、词、句、段、篇，离不开听、说、读、写，离不开理解、感悟、积累、模仿、迁移的实践活动，这就是语文的味道。语文课堂就是泡在语文味中的课堂，学生的语文素养是泡出来的。

把信息技术完美地融合到教学之中，充分发挥信息化教育的优势，课堂上调动学生的注意力，提高教学效率。教师为学生提供信息资源，图画、视频、声音等，把学生的听觉、视觉充分调动起来，激发学生探索的愿望和学习的兴趣。但要用得恰到好处，信息技术是辅助教学的，但它不完全是教学的依靠，使用不得当，就会分散学生的注意力。一些过于花哨的图像和视频喧宾夺主，得不偿失，本末倒置。所以教师一定要有信息素养，具备信息技术应用能力，信息化才能更好地辅助学科教学，否则就是忙中添乱。

以丰富的课堂评价激发学生的学习兴趣。教师的赞赏是廉价的，同时也是无价的。真诚的评价语言胜过说教，男生回答问题的声音非常洪亮，老师评价"你的声音太具有阳刚之气了！"学生的朗读很动情，老师评价"你读得太努力了，把自己的感情都融进去了！"老师的真诚换来了学生的真诚，以真情感激发真情感，使得学生的学习特别投入。

课下功夫足，课上省力气。课堂上，教师少讲一点，少说一点，让学生忙起来，设计典型的学习活动，给学生布置足够忙起来的任务，学生的主体地位有了，学习收获有了。改变课堂教学方式，就是改变教师的教，学生的学。学生多动脑、多动笔、多交流，有了足够的学习空间和时间，课堂教学的有效性得以体现，离"高效"还远吗？

小学语文"美读"教学策略

阅读教学中的美读是一种高层次的语文阅读方法。美读的目的在于传达课文所蕴含的美，获得美感，引起共鸣，从而发展语文阅读能力，享受阅读教学的无限乐趣。叶圣陶先生曾说："美读得其法，不但可了解作者说些什么，而且还可与作者的心灵沟通，不论在兴味方面，还是在受用方面，都可得到莫大的收获。"可见，美读既是读的训练方法，又是读的理想境界。教学中如何指导学生美读呢？

一、恰当示范朗读，树立"美读"样板

教师的示范朗读直接影响着学生朗读能力的发展，高水平的示范朗读不仅能够起到榜样作用，更能让学生通过老师的示范朗读进入课文情景，达到与作品心灵相通的境界；通过老师的示范朗读，准确把握课文情感基调和朗读技巧，进而深入理解文章内容，最终达到激发学生美读欲望的目的。

示范朗读要选准内容。一篇课文哪些地方需要示范朗读，应有所选择。在教授一篇课文时，教师应选择哪些内容进行示范朗读呢？一般来说，应选择学生无法达到朗读要求或者是学生的朗读易出现偏差的语句文段进行示范朗读。这时候的示范朗读，无疑是一种最直接的引导，教师声情并茂地示范朗读，以情激情，拨动学生的心弦，引发学生的共鸣。

示范朗读要选准时机。应用示范朗读要注意出现在课堂教学结构中的位置和时机。如果出现得过早，它可能会抑制学生理解能力和朗读能力的形成和发展。所以示范朗读前，应先让学生读懂文义，给他们自主分析、理解、学习、创造的机会。之后，教师的示范朗读，才会给学生提供一个与自己的阅读、朗读进行对比的参照，会帮助学生加深对文章的理解和情感的感悟。比如，《慈母情深》一课，是著名作家梁晓声回忆小时候家里贫穷，母亲不顾同事的劝阻，毫不犹豫地给钱让儿子买《青年近卫军》的事。在深化理解，

体会情感这一环节时学生读"母亲掏衣兜，掏出一卷揉得皱皱的毛票，用龟裂的手指数着。"这句话时，我引导学生理解"龟裂"一词是什么意思？然后我又问：母亲掏出的仅仅是一卷揉得皱皱的毛票吗？一个"掏"字，说明了什么？学生陷入沉思，继而通过反复朗读、感悟，懂得"掏"的是母亲的血汗。在学生理解的基础上，我趁热打铁，顺势进行示范朗读，以我的情感引发学生共鸣。此时，教师饱含感情的示范朗读和学生的理解体验同时在学生的内心世界里飞扬，学生的情感被激发出来了，美读的精彩也就绽放出来了。

二、创设情景，营造"美读"氛围

小学语文教材编入了一些声情并茂的优美文章，这些作品反映了自然美、生活美和艺术美。讲读课文时必然要再现美的意境，这就可以在朗读中创设情景，使学生有如身临其境。学生对课文的情感基调和意境把握往往须借助与之协调的课堂气氛，因此，营造一个和谐的朗读氛围，不仅能帮助他们理解课文内容，还能培养其对语言文字的感受力。

借助音乐创设情景。在教学《梅花魂》这课时，学生反复读了几次，总是读不出作者思乡的语气和情感来。播放歌曲《我的中国心》创设情景，烘托气氛，尤其是"河山只在我梦萦，祖国已多年未亲近，可是不管怎样也改变不了我的中国心"那撩动心弦的歌词，将海外游子的魂牵梦萦表达得淋漓尽致。歌曲与课文情意相匹配，以声传情，以情动人，学生被激情澎湃的歌声所感染，被感人肺腑的歌词打动，朗读也水到渠成地达到了高潮。

借助动作或活动创设情景。如教学《小嘎子和胖墩比赛摔跤》一文，小嘎子与胖墩摔跤过程的动作词相当精彩，我就让同学们先表演，学生真正领会了"抓""挠""揪""拽""别"等词语所连缀成的"摔跤"情景，然后再朗读，学生似乎身临其境，好像真正参与了摔跤，小嘎子的机灵、活泼、争强好胜充分表现了出来。

借助语言创设情景。教师富含情感的语言渲染，最能打动孩子的心，最能使学生与作者、教师产生共鸣。教师创设情景的语言能牵动学生的思绪，使学生"未学课文先有情"。

比如，指导学生朗读"哦，美丽的世界，是太阳照出来的。"这个句子，就可以用语言创设情景，引导美读。

创设情景一：当美丽的春天，我们来到文化广场、校园里，沐浴着温暖的阳光，看到阳光下红的花，绿的叶，我们在操场做游戏，我情不自禁会吟诵起，读——"哦，美丽的世界，是太阳照出来的。"

创设情景二：当炎热的夏天，听到阳光下小鸟欢快的叫声，看到在花丛中翩翩飞舞的蝴蝶，我情不自禁会吟诵起，读——"哦，美丽的世界，是太阳照出来的。"

创设情景三：在薄雾笼罩的秋天，我来到学校，看到教室后面艳丽的木棉花，看到蓝蓝的天上散步的云儿，飞翔的鸟儿，我情不自禁会吟诵起，读——"哦，美丽的世界，是太阳照出来的。"

创设情景四：当寒冷的冬天，我们穿着厚厚的羽绒服，看到在太阳下傲雪挺立的松树，我们享受着太阳的抚摸，我情不自禁会吟诵起，读——"哦，美丽的世界，是太阳照出来的。"

总之，在语文教学中，尽可能地营造浓烈的朗读氛围，促使每个学生的个性充分发展。并在这样的氛围中，吸引学生融入情景，感受语言的神奇优美、内容的丰富多彩、意味深长，再通过朗读表达出来。在不断地练习中熏陶情感，发展智力，增强想象能力和思维能力，促进智慧的生长。

三、多法并用，表现"美读"韵味

教师可以根据不同风格的文章，精心设计多种朗读训练的形式。轻声读，可让学生边读边思考；大声朗读能让学生品味欣赏；分角色读，能让学生体验不同角色的不同情感。总之，适时地变换运用多种朗读方式，能收到良好的朗读效果。比如，可以采用以下方法，体会美读的韵味。

读到脸上：就是用丰富的表情来体现朗读的内容，如读到"很快乐"时可以一直带着微笑美滋滋地摇头晃脑地读，读得喜笑颜开。我经常对学生说，请把书读到你的脸上，或高兴或悲伤，或激动，让老师从你的脸上看到你对课文的理解。

读到脚上：可以用脚打着节奏读，如读"踢足球，踢毽子，跳皮筋"这样的句子。当然还可以手脚并用打着节奏读，拍手踏脚读，如用这样的方法读"如果你高兴的话就请你拍拍手，如果你高兴的话，就请你跺跺脚"这一句子，学生就读得手舞足蹈，读得乐滋滋的，心里比吃了蜜糖还甜。

层层叠加读：就是不断叠加人数、叠加声音，一浪高过一浪地读。比如《观潮》一课，写潮来时那一段，为了读出潮来时的壮观景象，可以采用叠加读，读第一句时一个小组读，读第二句时再加进来一个组，读第三句第四句，通过朗读人数的递增，声音的递增，学生就能感受到浪潮的壮观。

曾见一篇文章中写道："讲解是死的，如同进行解剖，朗读是活的，如同给伤口以生命。讲解只能使人知道，而朗读更能使人感受。"而美读则更可以使学生和作者的情感融为一体，产生共鸣。所以，语文教学中，在重视"美读"训练的同时，也应讲究"美读"的方法，从而达到提高学生语感的目的。

参考文献：

［1］张丽. 让孩子们阅读越快乐. 新教育时代电子杂志（教师版）[J].2017.

［2］熊生贵. 有效教学和谐课堂 [M]. 光明日报出版社，2008：185~215.

在口语交际教学中提升学生的语文素养

口语交际能力体现着语文素养的高低，培养学生的口语交际能力，提高语文素养，可以尝试以下做法。

一、给学生创造想说、放胆说的机会

课堂上往往是教师说得激情飞扬，学生坐"冷板凳"，"想说、放胆说"

的学生也只有极少数，教师将这种"冷课堂"归咎于学生不积极发言。其实不然，学生说的机会太少。怎样激发学生想说，想交流的欲望，并且敢说、敢交流呢？

（一）创设具体的交际情景

有些语言离开"特定的情景"无法进行，而学生只有在一定的交际环境中才会带着情感，带着兴趣去进一步体验。

1. 呈现真实生活情景

以真人为对象，以真事为内容，展开真实的交际活动，借用生活中的真事进行口语交际。如，有一天下午，突然下起了大雨，学校通知下午放假，我们班原定于下午开家长会的计划取消。当时教数学的张老师上完课已经提前离校，怎么把下午放假和取消家长会的消息告诉张老师呢？让学生选择各种办法，学生一致认为打电话更方便。接着，让学生两两组合，轮流扮演张老师，练习打电话，然后选一位学生，用我的手机给张老师打电话。这就是生活化的口语交际，整个过程中，学生感觉不到是在完成老师布置的任务，淡化了学生头脑中的课堂和学习意识。

2. 创设虚拟生活情景

口语交际"小小解说员"，请你以解说员的身份向参观的客人介绍自己的班级，要介绍出班级的特点。学生对自己的班级非常熟悉，就内容来说，与学生没有距离。但在同学面前介绍大家都熟悉的班级，就失去了意义，没有说的兴趣。这时候就要创设虚拟的生活情景，引发学生交际的动机。上课时我告诉学生，由于我们的班级建设很有特色，从外地来了许多教师要参观我们班，你们认为要给他们介绍我们班的什么？怎样介绍？给学生一点时间练习，然后，选几位学生当解说员。我带着几位学生扮演客人，从门外走进来，解说员开始介绍。

由于创设了虚拟的生活情景，使交际有了现实生活的需要，具有了真实意义。

（二）营造宽松的交际氛围

一定的情景是学生增强生活体验、激发思维与口语交际的条件和动力源，营造宽松、和谐、民主的氛围则是大胆进行口语交际的前提。

1. 热爱学生，唤起"说"的欲望

教学是教师的教和学生的学的统一，这种统一实质上就是交往，但是在班级里有一大半的学生不大主动发言，这就无从达到交往的需求。其实，大部分原因是教师没能让孩子敞开心扉，学生敢于、乐于表达的前提是心灵的安全与平等，从这个角度出发，教师要走进学生的心灵，"心中有学生"才能唤起心灵的微笑，学生才会体验到平等、自由和关爱，才能尽情充分地表达。

于永正老师到外地讲课，每次的课前谈话很容易拉近师生间的距离：

于：同学们好，很高兴和大家见面，你们认识我吗？

生：不认识。

师：那你们有什么想问我的？有什么话想对我说？

生：老师，请问您的尊姓大名？

师：真是一个有礼貌的孩子。我叫唐朝。

生：哇！老师，您的名字好有趣哦！

师：谢谢同学们的赞美，我也很喜欢我的名字。

生：唐老师，您好帅呀！我可以叫您帅哥老师吗？

师：当然可以，我本来就长得帅嘛！你们男同学也很帅，女同学也很漂亮呀！我可以叫你们帅同学和漂亮同学吗？

生：可以！

师：各位帅同学和漂亮同学，咱们开始上课吧！

2. 欣赏学生，点燃"说"的灵感

老师要尊重、欣赏孩子。每个孩子都是可爱的，对于老师来说，只是缺少发现孩子可爱的心灵。欣赏孩子就要信任孩子，保护孩子的自信心和自尊心。担心说不好、说错、当众出丑、被同学嘲笑，这是大多学生口语交际的心理障碍，课堂上多一些表扬少一些批评，把相信每一个学生都能成功地进行口语交际的期望传达给学生。欣赏的眼光和赞扬的语言将会给他们增添无穷的力量，每个学生都是可爱的，教师要用放大镜发现孩子的可爱之处，"你还会用这个词，真不简单""说话小能手""你一下子说了这么多，太了不起了"……在赏识的雨露下，学生会变得鲜活起来，有了幸福体验，胆子也越来越大了，说话的兴趣浓了，小小的课堂成了学生向往的舞台。

3. 开发资源，发展"说"的能力

丰富多彩的生活给口语交际教学提供了活水源泉，教师要用心捕捉现实生活现象，发展学生的口语交际能力。教师可利用课余时间，让学生谈谈自己所看到的、听到的新鲜事；结合课文内容，组织学生讲故事，从中练习说话；把有趣的活动引入课堂，和他们吹泡泡、捏橡皮泥；让学生把老师说的话转述给家长，培养学生的转述能力。有时候，在早上的第一节课我会和学生"说梦"，聊聊他们昨夜做的梦，我也会把我的梦说给他们听。"发表评论"，一位外校的老师在我的班级里讲美术参赛课《趣味文字》，我没有听课，但从课后学生的表情能看得出，课讲得很成功，课的内容也很有趣，学生产生了极大的兴趣。发现孩子们意犹未尽，我借此让学生评价老师的课，我惊奇地发现孩子们会评课。

二、培养学生有话说，说得清楚具体

有时候会听到这样的表达"哇！太美了，美得无法用语言表达。"是无法用语言还是没有语言？课堂上不仅要激发学生的说话欲望，还要指导学生有话说、说具体、说清楚。

（一）积累语言，指导学生有话可说

学生的语言干瘪，空洞乏味，原因在于我们往往孤立地对待教材中的口语交际，没有从语言的储备上考虑，只注重了交际性，而忽视了引导学生在交际中积累语言。其实口语交际在某种程度上与写作是一样的，写作要胸藏万汇，才能笔有千韵。同样，口语交际，倘若胸无点墨，又怎么会口若悬河呢？

人教版五年级上册第三组的口语交际"劝说"，从进入这个单元，我就让学生以小组为单位搜集、整理劝说技巧，为口语交际打下厚实的基础，做好充分的准备。通过一星期的搜集、整理，学生了解到很多劝说的技巧和方法的同时，也涉及了劝说内容，学生在语言上也有很大的收获，能"说"会"道"。

（二）引导观察，指导学生说清楚

引导学生观察生活，"每天说一段话"的练习既解决无话可说的困惑，又练习把话说清楚。春天随着气候的转暖，大自然每天都有不一样的变化，让学生观察校园里的柳树、马兰花、连翘花、丁香花；课间同学们的玩耍嬉闹；打扫卫生等劳动场面；上学路上、大街上、商店里的场景。学生的眼界越来越宽，思维就越来越活，思路打开了，说话素材丰富，说清楚就不难了。

（三）互动交流，指导学生说具体

口语交际不是学生一个一个挨着说，也不是一个学生说，其他学生听。是学生与学生互动的一个过程，交流在互动中深入。语文教材中多次出现"商量一下""和同学分享""小组交流""讨论"等提示。人教版五年级下册第五单元"让名著中的人物走上舞台"提出："先和同学商量选哪篇课文演课本剧，然后具体商量怎么演……商量好后，就分角色进行排演。最后在班上表演，互相观摩。"这些提示，强调了在交流中的双向互动，互动中丰富学生的语言，有助于学生把话说具体。

三、鼓励学生乐于说，说精彩

在学生有话说、说清楚、说具体的基础上，还要引导学生把话说精彩。

（一）教师参与其中，做好示范

当学生口语表达出现问题时，教师可以通过亲身示范，让学生在感悟模仿中，逐步将自己的意思表达生动。如：

师：我是大柚子，我穿着黄绿色的衣服

生：我是菠萝，我穿着泡泡纱裙子

师：我是大柚子，我像娃娃的笑脸

生：我是火龙果，我像可爱的小猪

生：我是火龙果，我像绽开的花朵

生：我是火龙果，我像燃烧的火焰

在教师的启发引导下，学生的语言似激活的火山，妙语连珠，神采飞扬。

（二）在朗读与品味中丰富说话内容

阅读教学在朗读的过程中体验情感，领悟表达方法，真正让文本、学生、教师、编者四方对话，产生情感共鸣。

窦桂梅老师执教《圆明园的毁灭》一课时，让学生谈谈"你们觉得圆明园毁灭的是什么？毁灭不掉的又是什么？"还有"假如你现在就站在废墟上，你想说些什么？"教师有意识地引导学生在读中悟，在悟中读，又进行口语交际训练，达到了发展语感，加深对语言的领悟和提高口语交际的能力。

《清平乐·村居》一课中"醉里吴音相媚好"，这对翁媪边喝着酒边说着什么话在相互逗乐？让学生自由组合，练习说话。

（三）利用学生资源，以生助说

榜样的力量是无穷的，学生当中有一些语言条件比较好的，他们能起带动作用。他们的思维方式、语言习惯等跟老师相比，与同学们更接近，更容易被同学接受。在教学中，教师可以发挥这些学生的示范作用，让他们带动全班学生互动。

四、培养学生学会倾听，培育品质

口语交际中，不但要引导学生想说，乐说，说好，还要教会学生做倾听者。即使一个不善言辞的人，只要他乐于倾听，乐于接受别人的不同观点，他也会成为一个受欢迎的人，因此"听"是口语交际的第一步，口语交际教学首先要教会学生做"倾听者"，这也是学习。

（一）做善于倾听的教师

日本教育家佐藤先生说："要培养善于倾听的学生，首先要做善于倾听每个学生的一言一词的教师。"他要求："在课堂上以慎重的、礼貌的、倾听的姿态面对每一个学生，倾听他们有声和无声的语言。"

在《赏识你的学生》一书中看到一位孩子写给老师的一封信，其中有一句："老师，请您认真听我把话说完，这样我才会认真地听您教导。"因此，面对学生，教师也要做一个倾听者，静下心来，倾听每个学生的心声，每个学生的见解，有了老师的好榜样，学生才会懂得接纳同学的意见。

（二）培养学生倾听的习惯

佐藤先生在《静悄悄的革命》一书中说："凡是学习好的学生都是会认真倾听的学生，凡是不会倾听的学生学习就不会好。"有些学生总是不等听清别人的说话，就急着表达自己的理解和看法，课堂上，当一个学生的表达出现了一点语病时，另外有学生就会喊"我说，我说""不对，不对"，这种习惯很不好，要告诉学生一定要等他人把话说完再发表自己的观点，逐步培养学生养成倾听的良好习惯。

口语训练处处有，交际能力的训练应是长效的，应贯穿于整个语文教学，渗透到学生的课内、课外、校内、校外的生活中，经过"细水长流"的口语交际训练，通过"润物细无声"的交际锻炼，提高口语交际能力，提升语文素养。

参考文献：

［1］中华人民共和国教育部 . 义务教育语文课程标准（2022版）[S]. 北京师范大学出版社，2022.

［2］熊生贵 . 有效教学和谐课堂 [M]. 光明日报出版社，2008：185~215.

［3］叶圣陶 . 叶圣陶语文教育论集 [M]. 人民教育出版社，1994.

［4］谢雄龙 . 利用多元策略促进口语发展 [J]. 小学语文教师 .2005.10

课外阅读教学指导策略

美国著名教育家吉姆·特利里斯曾指出："如果你能引导孩子迷上读书，那么你所影响的不仅是自己孩子的未来，而且直接影响着整个下一代孩子的未来。"小学生正处于培养良好阅读习惯的最佳时期和个人素质形成的奠基时期。朱熹曾指出"读书百遍，其义自见"，杜甫也提倡"读书破万卷，下笔如有神"等，无不强调多读书广集益的好处，因此，我们应该及早地培养孩子走上阅读之路，博览群书，开阔视野，丰富孩子的知识储备，提高语文素养。

一、诱发兴趣

如何转移孩子们的注意力，将他们从各类漫画、数字电视、动漫剧场、网络游戏等精彩的画面和情节中吸引过来呢？课外书是最好的诱饵。

（一）榜样诱读

小孩子有很强的好奇心和模仿力，他们接受新事物、新知识非常快。利用这种年龄特点，可以向学生推荐个别同学正在看的优秀读物。一次，给学生上《长城》一课，我插叙了《孟姜女哭倒长城》的故事，当提到秦始皇建长城时，一个学生马上站起来补充："老师，秦始皇不是第一个建长城的人，我知道长城是春秋战国时楚国开始建的，其他六个国家都开始仿建，秦始皇统一六国以后，把七国的长城连接起来就是秦长城，历朝历代都在修建，明朝时称为明长城，也就是现在看到的长城。"当时，同学们都为他的发言愣住了，纷纷向他投去羡慕的眼神。我趁势引领："孩子，你知道的真多！能把你读过的书都向同学们介绍介绍吗？"他滔滔不绝地说了一大堆，《资治通鉴》《论语》《水浒传》《隋唐演义》《清史》……同学们都听呆了，一下课就围在他旁边听他讲书里的故事。这种顺势引导，使班内兴起了一股读书热。

（二）故事诱读

儿童天生爱听故事，教师要充分利用这一特点。于是，故事悄悄进入我的教学中。有一次，我给学生讲《窗边的小豆豆》片段，讲到精彩处时，孩子们都瞪大了眼睛，全神贯注地关注情节的发展，我却戛然而止，并告诉孩子们巴学园里有很多稀奇古怪的故事呢，只有自己读了才知道。学生被惊险而有趣的故事情节激起了浓厚的兴趣，纷纷去借书，甚至有的孩子迫不及待地去书店里买书。很快，课间总能看见孩子们手捧着书在津津有味地读。这种在享受故事情节所带来的奇妙境界中感受到课外读物的诱导，主动阅读，效果显而易见。

教师经常欲擒故纵，激起学生"欲知详情，请看原文"的欲望，课外读物的推荐就顺理成章，教学《冬阳·童年·骆驼队》，推荐阅读林海音的《城南旧事》；学了《祖父的园子》，介绍萧红的《呼兰河传》；学习了《少年闰土》，推荐读鲁迅的小说《故乡》……学生被兴趣推动，自主阅读，"要我读"转为"我要读"，在读中去感受名著的魅力。

（三）家长带读

父母是孩子的第一任老师，书香氛围浓的家庭的孩子自然爱读书。因此，良好的阅读习惯更多需要在父母的影响下参与形成。

教师要让家长了解"语文——阅读——习作"的语文学习体系，建议家长营造"书香家庭"。家里要有适合孩子阅读的书籍、报纸、杂志，将书籍放置在孩子触手可及的地方，如茶几、床头柜、餐桌旁等，家长也要经常读这些书。

亲子共读，以书为媒，以阅读为纽带，共同分享阅读带来的情感体验，是家庭阅读的最高境界。低年级引导孩子读绘本，中年级读各类童话、寓言、神话等，激发想象力，高年级读人物传记、历史类、科学类、文学类书籍等，边读边与孩子交流书中的人物命运或故事情节，引导孩子逐步树立正确的价值观与人生观。

二、方法指导

张之洞曾经说过："读书不得要领，劳而无功。"小学生课外阅读个体性强，随意性大，受控因素小。因此，教师要指导学生学会阅读方法。

（一）"三读"法

根据不同体裁的文章用不同的方法去阅读，要求学生初步掌握精读、略读、浏览"三读"法。如：对于名家名篇就用精读法，遇到不理解的地方要停下来，做上记号，以便查工具书或向他人请教，弄懂了再继续读；对于童话、寓言、小说类的就采用略读法，快速的阅读文章也就是默读，意在了解大概内容；对于一些报纸、杂志就采用浏览法，有些甚至只读标题就罢了。以上三种读书方法可交叉使用。长此以往，学生的阅读量会大大提高，只有广泛阅读，才能做到厚积薄发。

（二）阅读剪贴法

学生读过的书容易保存，但报纸就不同了，可以找一本旧杂志作为剪贴本。将一些好的作品、插图等内容剪下来，贴在剪贴本上。收集的资料要整理分类，如按名人名言、漫画、写景、写人、记事等方法分类，便于查找学习。优胜者的剪贴本在全班可进行展出。

（三）读物推荐

课外阅读好处多，但开卷未必都有益。别林斯基说得好："阅读一本不适合自己的书，比不读还要坏。我们必须学会这样一种本领，选择最有价值、最适合自己需要的读物。"由于学生年龄较小，阅历不深，原有的知识也不太多，所以课外书的选择上有一定的盲目性。因此，教师指导学生正确选择课外读物非常重要，可根据学生年龄特点和认知规律，有意识推荐各类书籍，促进孩子们健康地发展，纯净他们的精神世界，敞开他们的心扉。

三、注重实效

（一）建立图书角

图书可以是同学们捐赠的，布置假期作业让学生读整本书，要求有读书的痕迹，开学查收后放入图书架，供同学们借阅，有图书管理员，同学们可以根据自己的喜好借阅。

（二）随身带书，随时读书

要求学生书包里必须有一本课外书，上课铃响了如果老师没来，可以边读书边等待；作业写完了可以读书；还可以读书"催眠"，读书"蹭饭"。同时，可利用早读课、语文活动课、班会课，开展"介绍一本好书"、诗文朗诵比赛、讲故事比赛、读后感交流会、"小作家"擂主大比拼等活动，及时反馈学生课外阅读的情况，也提高了学生的口头表达能力。

（三）办报"做书"

定期办小报，名言警句小报、成语小报、歇后语小报、多音字小报、近反义词小报等，把每期的手抄报收集整理装订起来，和图书一起供同学们借阅，让学生享受"做书"的乐趣。在这样的大循环交流中，学生相互学习，取长补短。

（四）活动展评

可以模仿电视节目《百家讲坛》《开心辞典》《朗读者》等开展各种阅读活动，如：成语接龙赛、讲故事比赛、古诗文朗诵、辩论赛、"小豆芽"讲坛等，检查阅读效果，巩固阅读教学的成果。

（五）读写结合

鲁迅曾说过："文章该怎么做，我说不出来，因为自己的作文是由于多看和练习，此外并无心得和方法的。"意思是说，写作能力的提高是建立在大量的阅读与练习的基础上的。教师要鼓励学生不断从课外阅读中汲取营养，把学到的知识、积累的语汇灵活地运用到习作中，融会贯通，形成自己或细腻或幽默或沉稳或多变的风格。经常进行优秀习作的交流，并鼓励大胆投稿。将学生发表的作品收集在一起，挂于室内供大家阅读。

一个不阅读的学生是没有希望的学生，一个不阅读的民族是没有灵魂的民族。总而言之，培养学生爱读书、会读书，从而达到好读书的习惯，并非一朝一夕之事，这需要教师和学生几个学期，甚至几年坚持不懈地努力。只有让阅读成为习惯，成为茶余饭后的一大乐趣，才能真正说，课外阅读，让孩子赢在起跑线上！

参考文献：

［1］雷夫·艾斯奎斯．第56号教室的奇迹 [M]．中国城市出版社，2010：31~41.

［2］张洪玲，陈晓波．课程标准解析与教学指导 [M]．北京师范大学出版社，2012：131~135.

［3］《小学语文教师》[J].2011.07−08合刊：6~65.

有深度学习的阅读教学
——听仇千记老师执教的《桥》有感

阅读教学是语文教学的核心所在，也是落实语文要素，培养学生语文素养最重要的环节。小学阅读教学要实现深度学习，指向学生阅读能力的培养，赋予学生思维的路径和方法。听了仇千记老师执教的《桥》启发颇深。

一、新课导入，承载了很重要的衔接任务

仇老师与学生聊天式地导入新课，趣味盎然，目的明确，直达课文核心内容。

（一）与课文内容无缝衔接

仇老师与学生第一次见面，上课伊始，他用手机给学生拍照，与学生拉近距离，增加亲近感，显得平易近人，接着指向学生胸前的红领巾，问学生，有个组织叫什么？学生说是少先队，追问少先队有队徽，成人也有个组织，知道叫什么？学生回答是共产党，继续追问党员胸前也佩戴着一样东西叫什么，学生回答是党徽。课文的主人公就是一位大公无私、不徇私情的共产党员，聊天的内容与课文内容无缝衔接。

（二）与课文体裁有效衔接

接着，仇老师给学生讲《三国志》《三国演义》中的一个故事，问两个故事之间有什么联系？一个是历史，一个是小说，在仇老师的引导下，学生明白了小说是在历史的基础上，经过作家的润色、加工、修饰、改编等。相比较，历史中的小说故事生动、形象、有趣，读者爱读，从而引出小说的特点和写法，小说是什么？大多是虚构的，却又是生活的影子。因为本单元的语文要素中有创编故事，写法从导入时就开始铺垫。

聊天还引出了单元语文要素，第一，阅读三篇小说时，要关注情节、环境、感受人物形象（小说三要素）；第二，发挥想象，创编一个生活故事。看似聊天，实则在导入新课，过程犹如一个人从远处步履翩翩，悠悠然地走来，整个导入水到渠成。

二、基于学情的教学，预习目标明确

从课堂检查预习内容看到，课前的预习任务有：

第一，给课文标上自然段，把课文读准确，遇到不认识和不确定读音的字立即请教字典；多读几遍课文，达到字音全部准确、语句比较流利的程度；遇到不好理解的词语，问问词典，将意思批注在课文的字里行间。

毋庸置疑，预习以读为主，要求"字音全部准确、语句比较流利"，课堂上检查的时候就是读课文，纠正字音；抽读课文中的六个短句子。预习任务布置什么就检查什么，重落实才能促预习成效。其中"问字典，问词典"，培养学生自主学习，通过查字典和查词典识字，理解词义，教给学生自己解决学习问题的途径，也是教学策略。

第二，生字词的学习。

仇老师听写了三组词语，分别是：

咆哮　呻吟　跌跌　撞撞

惊慌　嗓子　拥戴　沙哑

党员　废话　吞没　猛然　流淌　揪出

三组词语不是随意组成的，它是文章的一条线索。听写的方式在变换，老师说意思让学生根据意思来写词语，检测的是预习时对词语的理解，对应预习任务"问词典"，老师有提示，帮助学生再次理解词义。接着一次读两个词，三个词，培养学生听的习惯和能力，基于学情的学习。同桌互相批改，大屏幕出示所有正确的词语，进行对照，没写的、写错的，一个字扣3分，写得好的加20分，其目的是注重书写，要求学生把字写正确，还要写漂亮，重在奖励写得美观。紧接着就布置家庭作业，写对的词语，回家以后写一遍，写错的写六遍，布置作业有层次性、针对性，呵护学生的学习兴趣，减轻作业负担。仇老师说，我们老师要和学生斗智斗勇，没有一个学生愿意多写作业，用这样的方式激发学生自主学习的兴趣，提醒学生预习一定要认真。

三、授人以渔，阅读教学有深度

（一）温故而知新，学法迁移

课堂上，没有传统地分析课文内容，先是梳理课文的主要信息，从整体上理解课文。以四年级学过的一篇课文《"诺曼号"遇难记》为例，温习小说的三要素，随即出示了小说《"诺曼号"遇难记》三要素：

环境：夜晚大海上；

人物：哈尔威船长船员乘客等；

情节：海上航行、遇到撞击、指挥敌人、壮烈牺牲；

然后让学生仿照《"诺曼号"遇难记》三要素，通读课文《桥》，做三要素批注，将学过的学法迁移运用自学《桥》。老师不费事儿就给学生教会了如何提取信息，要求用四字词语，为后面写颁奖词做铺垫。然后出示：

环境：夜晚山洪暴发；

人物：村民、老汉、小伙子、老太太等；

情节：（1~5）；（6~17）；（18~22）；（23~27）；要求学生最好用四字词语或六字词语，而且给小组分任务，一个组完成其中两个情节的概括。"环境""人物"很简单，学生应该很快就能找到，所以老师就把它提前完成，为学习重难点内容节省时间。

（二）聚焦环境描写，初步感受描写的作用

"聚焦环境描写，初步感受这些描写的作用"是课后思考题，也是教学目标。老师让学生用横线画出文中描写暴雨和洪水的句子，在这个过程当中，老师指导学生朗读几个特殊的短句，这同样也是课后思考题。所以，借课后思考题制订学习目标、设计学习活动、落实语文要素，实现学习目标的达成。

在学生交流以后，老师把所有描写暴雨和洪水的句子出示在大屏幕上，让学生阅读发现。课文为什么写这些句子？让学生感受环境描写对表现人物形象的作用，以往我们的教学中可能会让学生来说这些句子都是什么句子，而仇老师教学生感受这些修辞手法的作用和表达效果，这是教方法，教学习技能，提高学生语文素养，这就是阅读教学的深度。

（三）聚焦人物细节描写，体会人物品质

"浏览课文，画出文中描写老支书神态、语言、动作的语句。"体会老支书的人物形象，老师让学生自己画句子，自己试着有感情地读，读的过程中给予指导，带着什么样的感情读呢？前面有铺垫：读课文24~27自然段，预习时明白了什么？让学生早知道老汉和小伙子的关系，这四个自然段是课文的结尾，如果放在课的结尾来学习，显然达不到体会老支书人物形象的效果，所以，写作顺序不是教学顺序，为达到教学效果可以调整课文内容的叙述顺序。

（四）有示范，有指导，读写有铺垫

读写结合，体现阅读教学应承载的任务，语文素养最终落实在写上，学语文的核心应该是学习语言文字的运用，这是语文的工具性。从通过"浏览课文，画出文中描写老支书神态、语言、动作的语句。"体会老支书的人物形象，到"这是一座的桥"写的训练，在老师的启发引导下，学生的情感潜能得到最大化的释放。"这是一座抢救生命的桥""这是一座木头桥，也是一座精神的桥""这是一座生命桥""这是一座刻在人们心里的桥""这是一座红色的桥"。仇老师顺势给学生介绍金大忠的故事，出示了中央电视台《感动中国》

节目给金大忠的颁奖词，引导学生学习颁奖词的写法，将课文的人文性与工具性深度结合。

薛法跟老师说过："语文课就要做语文的事。"语文的事就是学习语言文字运用。2017年，教育部颁布的《普通高中语文课程标准》中明确指出：语言建构与运用是语文学科核心素养的基础，语言是思维的工具，承载思维。有什么样的思维就有什么样的表达，就表达什么样的审美结果。审美的体验也反作用于语言，改变表达风格，影响思维，同时，语言既是文化的载体，也是文化的传播。

紧扣语文要素，实施单元教学

——统编教材四年级下册第四单元教材分析与教学建议

双线组元是统编教材编写的一个显著特点，宽泛的人文主题和清晰的语文要素，教学目标更聚焦，"教什么"更明确。实施单元教学，先了解教材单元编排特点，再聚焦单元整组，最后在单元内部探寻在语文要素的统领下，实施单元教学的路径。统编教材四年级下册第四单元的人文主题是"动物是我们的好朋友"；语文要素是"体会作家是如何表达对动物的感情的，写自己喜欢的动物，试着写出特点"，要素的第一条指向阅读；第二条指向习作表达。实施单元教学可以从以下几个方面进入。

一、关注双线组元，准确把握教材

围绕单元主题和语文要素，本单元编排了三篇精读课文《猫》《母鸡》《白鹅》，一个单元习作《我的动物朋友》，一个语文园地。

（一）人文主题：小动物激发学生的阅读兴趣

本单元紧扣人文主题"动物是我们的好朋友"选了三篇精读课文，作家用生动的语言表达了对动物的喜爱，凸显了人与动物是朋友的情感，激发学生对本单元学习的兴趣。三篇课文都是名家语言，《猫》和《母鸡》是老舍先生的文章，《猫》从三个方面写了大猫的性格"古怪"，小猫的可爱、顽皮、淘气，全文字里行间透着作家对猫的喜爱。

《母鸡》与《猫》的写法不同，作家先写很讨厌母鸡，它"嘎嘎地叫个没完没了""下蛋的时候恨不得让全世界都知道"，后来写由于看到"母鸡保护鸡雏不受伤害""给鸡雏找食物""教鸡雏生存的技能"不敢再讨厌母鸡了，"负责、慈爱、勇敢、辛苦"的鸡妈妈形象展现在了孩子们面前。

《白鹅》是丰子恺的作品，课文写了一只高傲的大白鹅，它的叫声"严肃郑重""似厉声呵斥"，步态"步调从容""大模大样"，吃相"从容不迫""必须有一个人在旁侍候"。全文以贬的表达方式写出了对鹅的喜爱，尤其是"架子十足""引吭大叫""傲然"等反语生动地写出了鹅的特点，读者可以通过语言感受到鹅的可爱。

习作《我的动物朋友》和单元人文主题相符，写的时候选择教材提供的情境，或者自创情境，从动物的外貌、喜欢吃的食物、自己与动物的趣事等方面向别人介绍自己的动物朋友，如果自己没有养动物，可以写自己熟悉的。

（二）语文要素：读写不分家，相辅相成

指向阅读理解的要素"体会作家是如何表达对动物的感情的"，每一篇课文的课后思考题对应了这一教学目标，交流平台进行梳理，体现了先实践后梳理的编排理念。

课文《猫》的课后习题要求"默读课文，举例说说可以从哪些地方看出作者非常喜欢猫，再把你的体会有感情地读出来。"就是针对阅读理解的，找出体现作者喜欢猫的描写语句。《母鸡》的课后习题要求"默读课文，画出'我'对母鸡的态度前后变化的句子，说说为什么有这样的变化。"也是针对阅读理解的。《白鹅》的课后题"朗读课文，体会语言的趣味。""课文里有许多表现高傲的词语，如'引吭大叫''傲然''架子十足'。找一找，分类抄写下来，再体会作者是如何把'高傲'写清楚的。"

指向表达的要素："写自己喜欢的动物，试着写出特点"，主要通过单元习作体现，"写之前想一想，你打算从哪些方面介绍它，它在这些方面有着怎样的特点"，紧接着又给了从外貌、喜欢的吃食、趣事等介绍自己喜欢的小动物的提示和引导，使学生易于动笔。另外，三篇课文中关于动物的描写和表达起到示范作用。

"交流平台"对单元语文要素进行梳理总结："从字面上看，作者好像并不喜欢这些小动物，实际上课文的字里行间却藏着对他们深深的爱；说话和习作的时候，可以试着运用这种方法。""识字加油站"用换偏旁的方法识记生字；"词的句段运用"安排了三个读写训练，一个是体会词语的情感色彩；一个是体会句子中冒号的用法，选短语，仿写一段话；另一个是体会句子中语气词的表达效果。

二、单元模块教学，落实语文要素

单元语文要素分散在每一篇课后思考题中，根据单元要素和课后习题确定单篇课文教学目标，然后设计教学环节落实单元要素。本单元教学内容和单元习作是同一个主题，单元习作教学在阅读教学的过程中落实。

（一）单元导读，整体感知

单元导语中呈现了本单元的语文要素，单元教什么？一目了然，所以在单元教学前，教师要聚焦学习语文要素，明确单元教学目标。

本单元有两个语文要素："体会作家是如何表达对动物的感情的"指向阅读理解，"写自己喜欢的动物，试着写出特点"指向习作表达。本单元以"动物是我们的好朋友"为主题选取的三篇课文都是写动物的文本，反映出作家对动物的喜爱。三篇课文内容以及写法与单元习作有联系，为写好单元习作进行了很好的铺垫。教学之前，先让学生通过整单元预习，整体感知单元内的所有学习内容。给学生自主学习的空间和时间，对课文所描写的性格古怪的猫、高傲的白鹅、慈爱的母鸡形象单元习作有一个整体印象。

（二）以教学目标为支撑设计学习活动，理解课文内容

课后练习题是编者意图的直接体现，语文要素主要通过课后习题来呈现。三篇精读课文课后都安排了若干道练习题，有指向阅读的，也有指向习

作的。《猫》和《白鹅》课后还有"阅读链接",是一篇带动多篇的阅读延伸。因此,单篇课文的教学要围绕课后习题设计教学活动,保证语文要素得到有效落实。

《猫》一文的课后练习题:"默读课文,举例说说可以从哪些地方看出作者非常喜欢猫,再把你的体会有感情地读出来。"根据这一习题可以设计以下学习活动。

1. 默读课文,思考老舍先生家养了一只怎样的猫? 边读边画出有关的句子。让学生朗读有关语句,通过体会"屏息凝视""非……不可……"来体会猫的尽职;通过体会"任凭……也……"体会猫的贪玩。

2. 再读课文,作者通过哪些描写表现猫的可爱? 体会小猫的淘气和可爱。

以上两个学习活动结束,让学生举例说说可以从哪些地方看出作者非常喜欢猫。

《母鸡》一文的课后练习题:"默读课文,画出'我'对母鸡的态度前后变化的句子,说说为什么有这样的变化。"

教学时可以直接让学生边读边在文中找出直接写我态度的句子,"我一向讨厌母鸡""可是,现在我改变了心思,我看见一只孵出一群小雏鸡的母鸡""我不敢再讨厌母鸡了"。"说说为什么有这样的变化? 请在文中找一找,画一画,做上批注。"

《白鹅》一文的课后练习题:"课文里有许多表现高傲的词语,如'引吭大叫''傲然''架子十足'。找一找,分类抄写下来,再体会作者是如何把'高傲'写清楚的。""读句子,回答括号里的问题"根据习题设计教学活动:

1. 课文围绕"好一个高傲的动物"来写,分别从几个方面写了鹅的高傲? 是怎样写清楚的? 边读边画出相关语句。

2. 把鹅和鸭的步调进行比较,这样写有什么好处? 把鹅称作"鹅老爷",你从中体会到了什么? 把体会到的写在旁边。

引导学生边读边勾画词语,动手批注,调动形象思维,找相关语句、关键词语,通过理解词语"厉声呵斥""厉声叫嚣""引吭大叫""狂吠"理解鹅的叫声特点。体会作者通过把鹅和鸭的步调进行比较，突出鹅的步调特点。然后通过多种形式的朗读，读出内心感受，体会作家对鹅的喜爱之情。

（三）领悟表达方法，一课一得

阅读教学的过程中落实"写"的要素，得意、得言、得法。

《猫》一文的课后习题"说说第一自然段讲了哪几层意思，课文还有哪些自然段的写法跟它一样。""讲了哪几层意思"是理解内容，"还有哪些自然段的写法跟它一样"就是文章的表达方式。

另一习题"照样子用加点的词语写一段话"是读写结合的练习，语文的学习就是要聚焦语言文字的运用。

"阅读链接"中有两个写猫的片段，分别是夏丏尊和周而复的文章节选片段，一段写猫与主人的关系，一段写猫的样子，体会不同作家对猫的喜爱之情，体会表达对动物的喜爱之情可以从不同的角度写。

《母鸡》一文的课后有一道题："比一比，说说《母鸡》和《猫》在表达上有哪些相同和不同之处。"两篇课文在结构上都有过渡句，善用总分段式；情感上，猫无论淘气还是古怪，作者都喜爱，母鸡则是由讨厌到不敢讨厌到崇敬。语言上都是通俗的口语。

《白鹅》一文的课后习题："体会语言的趣味性。"和"读句子，回答括号里的问题。"都是体会反语的表达效果。

阅读链接《白公鹅》，与《白鹅》比一比，两位作家笔下的鹅有什么共同点，再体会表达上的相似之处。两篇课文结构上都是总分总，有过渡段；多用拟人句，赋予人的感情；都善用反语表达对鹅的喜爱之情。表达的语气不同，一个善意，一个调侃。

借助课后习题学习文章的表达方法，落实单元语文要素，为单元习作铺垫基础。

（四）"交流平台"强化要素

"交流平台"围绕单元语文要素，聚焦学习方法，梳理单元语文要素。交流平台编排在几篇课文之后，但编排顺序不是教学顺序，将课文的学习与交流平台有机结合，可达到理解、学习、巩固、内化单元语文要素的效果。

交流平台选取了三篇课文当中比较典型的语句，"猫的性格实在有些古怪。""鹅吃饭时非有一个人侍候不可，真是架子十足。""如果赶上这么一场耀武扬威的乱子，你就甭想有鱼咬钩了。"然后，又以三个小朋友对话的形式交流了以上三句话的表达效果，"从字面上看，作者好像并不喜欢这些小动物，实际上课文的字里行间却藏着对他们深深的爱。""读到这样的句子，我就想起妈妈经常跟别人说：'我们家那个傻孩子……'""我们说话和习作的时候，可以试着运用这种方法。"教学的时候不断对照单元导读，对应导读中提出的要求，回顾与检测，对照单元目标检测是否达成，一一落实，严格执行，纠偏教学行为，调整教学方向。

（五）指导习作，践行语文要素

本单元习作的话题是"我的动物朋友"，教材用创设不同情景的方式，强调了要根据交际的表达需要，抓住动物的特点向特定的对象进行介绍。这一要求和以往描写小动物的习作不同，要求运用教材情景或自己创设情景，向别人介绍自己熟悉的动物。因此，引导学生关注教材创设的三个情景，根据需要进行表达。

1. 选择情景，介绍动物特点

教材中的三个提示图提示的三种描写角度都是为情景服务，引导学生根据需要选择内容，介绍动物特点。

第一个情景是小羊不见了，为了便于小伙伴帮忙寻找，要向别人讲清它的外形等方面的特点。教师引导学生通过交流打开思路，外形可以从哪几个方面介绍，按照什么顺序介绍，不用面面俱到，要突出特点。

第二个情景是请邻居帮忙喂养小狗，要讲清楚狗的饮食习惯等，让别人懂得如何喂养。小狗的外形就不重要了，可以略写，重点介绍小狗的生活习性，如饮食方面，喜欢吃什么，不喜欢吃什么，一天要吃几次，什么时间喂食。还有小狗的脾气、睡眠、外出时间等不同角度，便于小伙伴更好地照顾它。

第三个情景是自己要搬家了，想请一位同学收养自己的小猫，可以说说小猫的趣事和生活习性等。除了简单描述小动物的外形，更重要的是，把自己和小动物的趣事、感情表达出来，引起对方收养的强烈愿望。

教材给学生提供了三个情景，教师可以鼓励学生自己创设情景，然后根据需要介绍熟悉的小动物。

2.回顾课文，学习习作方法

郭沫若说："于无法之中求得法，有法之后求其化。"语文教材就是我们习作教学活生生的"法"，就是习作教学之本，因此，我们要挖掘课本资源，把教材作为单元习作教学的本。

本单元的三篇名家名作都是描写动物的，给学生做了很好的示范。在本次习作中，可以让学生尝试学习作家的表达方法，写出动物的特点，表达出对动物的情感。在描写动物特点时，作者善于运用先总写后分述的方式，《猫》先写猫的性格实在有些古怪，再具体写它的表现；《白鹅》先写白鹅的高傲，再从"叫声""步态""吃相"三个方面有条理地表现三个特点。引导学生感悟围绕动物某一特点按先总后分的表达方式。而《母鸡》先写对母鸡的讨厌，后写不敢再讨厌母鸡了，情感的转折用了一个过渡句。

第二个情景是介绍动物的生活习性，可以学习《白鹅》一课中对白鹅吃相的细节描写。第三个情景是介绍与动物的趣事，可以学习《猫》一课的写法，通过生活化的语言、具体鲜活的事例写出小动物的可爱，表达对动物的喜爱。

单元习作和单元内容是同一个主题，从教学第一篇课文的时候就应该渗透写作方法，本单元的三篇课文都承担了这样的任务。

3.写观察日记，积累习作素材

本单元习作除了从阅读教学中学写作方法，还必须结合实物观察才能写出真实的动物。现在的家庭很少养小动物，少数家庭会养小金鱼、小乌龟、鹦鹉鸟之类的，写动物作文成为困难，怎么办呢？有的学生亲戚家、爷爷奶奶家有养狗、兔子、鸡的，还有养牛羊的，就布置学生写完家庭作业或者周末去观察。另外，学生上学、回家的路上会遇见流浪狗，让学生养成留意观察的习惯。先帮学生找到动物源，然后再布置写观察日记，每天安排日记交流，教师可以结合单元学习指导语言表达，帮助学生完成单元习作。

阅读教学从整体入手，备课的时候一定要有单元教材意识，不能备一课讲一课，不能讲到哪一课，备哪一课，明确单元语文要素，领悟编者意图，教学的过程中不断回顾单元导读，检测目标的达成。

依托练习系统，实施有效教学
——以统编教材五年级下册为例

统编教材在内容体系的编写上有很多创新之处，课后练习的设计就是其中之一，课后练习具有很明显的指向性，是语文要素的具体体现、制定教学目标的依据，每一道练习题都发挥着"助教帮学"的功能，成为教学最有效的策略。统编教材双线组元，宽泛的人文主题和清晰的语文要素，语文要素包括必备的语文知识、语文学习能力、语文学习策略和学习习惯等。一个单元的要素训练点分散在单元内的几篇课文中，具体到每一课，侧重点不同，主要体现在课后习题中。因此，依托练习系统设计教学活动是落实语文要素的最好途径，下面以统编教材五年级下册为例，浅谈练习系统的构成与实践。

一、准确分析课后练习题的编写意图

单元内的每篇精读课文后面都会有若干个练习题，内容丰富，形式多样，从课文的整体感知、朗读理解、读写结合、拓展实践等维度进行课后练习题的设计，略读课文有略读提示，将整个单元语文要素的训练点与课文本身的特点相融合。纵观五年级下册统编教材，练习系统的构成与功能梳理如下。

（一）整体感知类练习题

整体感知是指学生在初步阅读文本的基础上，对全文的基本内容和表达情感有一个总体感受和了解，这是学生阅读文本的第一步。整体感知的学习任务表述一般为"故事主要讲了一件什么事""课文从哪些方面介绍……"等。从整体上感知、把握课文内容，培养学生在阅读理解的基础上把握文章主要

内容的能力，也是很重要的阅读能力，对学生的归纳、加工、整理、提炼、总结、提出了较高的要求。统编教材五年级下册安排了大量的整体感知类课后练习题，尊重学生的能力发展规律（见表1）。

表1 整体感知类习题安排暨能力要求

课文	课后练习题	能力要求
《祖父的园子》	默读课文，说说祖父的园子里有什么，"我"和祖父在园子里做什么。	"从事物的几个方面"把握文章主要内容的方法。
《青山处处埋忠骨》	默读课文，说说课文的两个部分分别写了什么内容。	
《威尼斯的小艇》	默读课文，说说课文围绕小艇写了哪几方面的内容。	
《草船借箭》	默读课文，按照起因、经过、结果的顺序，说一说故事的主要内容。	"按事情发展的顺序"把握课文主要内容的方法。
《景阳冈》	按照故事的发展顺序，把下面的内容补充完整，再说说故事的主要内容。	
《跳水》	默读课文，想想故事的起因、经过和结果，把下面的内容填写完整，再讲讲这个故事。	

（二）阅读方法类练习题

"新课标"对阅读的教学建议指出，"各个学段的阅读教学都要重视朗读和默读"，"新课标"对第三学段朗读的要求"能用普通话正确、流利、有感情地朗读课文"，对默读的要求是"默读有一定的速度"。

五年级下册的课后练习题中安排了大量的朗读和默读练习，"整体感知类"练习要求默读，默读可以提高阅读速度，有利于思维的发展。"新课标"在"教学建议"中对"有感情地朗读"确定为：要让学生在朗读中通过品味语言，体会作者及其作品中的情感态度，学习用恰当的语气语调朗读，表现自己对作者及其作品情感态度的理解。比如，《青山处处埋忠骨》课后第二题"从课文中找出描写毛主席动作、语言、神态的语句，体会他的内心世界，再有感情地朗读课文。"练习题针对阅读理解，先体会人物内心世界，然后有感情地朗读，有感情地朗读是在理解基础上的。

（三）读写结合类练习题

"小练笔"意在给学生提供练笔机会，引导学生由读到写。《手指》一课"仿照课文的表达特点，从人的五官中选一个，写一段话"，课文2~5自然段具体描写了五根手指的姿态、作用和性格，每个自然段的写法大同小异，先写手指的样子，然后写手指的作用，最后举例具体写手指的作用。作者用拟人的方式，语言风趣幽默。学习了这种表达方法，借课后"小练笔"引导学生运用"把事物当人来写，把事物当作其他事物来写"的表达方法，写人的五官中的一个。

读写类练习题意在表达方法一课一得，学生获得习作方法，在写的练习中能力迁移，学以致用。

（四）拓展延伸类练习题

部分课文安排了"阅读链接""资料袋"形式的拓展延伸类练习题（见表2），提供与课文内容相似或语言形式相似的短文或片段、补充材料等方面的阅读资料，帮助理解课文内容，体会课文表达的情感，由课文自然延伸，引导学生拓展阅读，扩大阅读的视野，如《田忌赛马》一课"历史上有许多运用谋略取得胜利的故事，找一找相关资料，和同学交流。"

表2 拓展延伸类练习题安排暨能力要求

课文	课后习题	能力要求
《祖父的园子》	阅读下面的"阅读链接"，说说你对课文有什么新的体会，再有感情地朗读课文	进一步体会作者要表达的情感。是体会课文要表达的思想感情的补充材料。
《草船借箭》	读下面的"阅读链接"，找出课文对应的段落	通过对比阅读，产生读古典名著的兴趣。
《景阳冈》	《水浒传》的主要内容；人物画像	借助资料，进一步了解人物，激发学生读整本书的兴趣。
《红楼春趣》	林庚的《风筝》节选	感受民俗文化的传承。

课文	课后习题	能力要求
《军神》	李本深的《丰碑》	是《军神》的学法迁移练习，自主拓展阅读，体会文中人物的内心情感。
《威尼斯的小艇》	读下面的"阅读链接"，想想在描写威尼斯时，三位作家的表达方法有什么相似之处。	比较阅读加深对威尼斯的了解，体会几篇文本的表达方法。

（五）紧扣单元语文要素类练习题

课后习题是教材助学系统的重要组成部分，承担着落实语文要素的重要任务。统编教材五年级下册的课后练习题中编排了直接对应单元语文要素的练习题，力图体现这一教学任务。第四单元的语文要素是"通过课文中动作、语言、神态的描写，体会人物的内心。"《青山处处埋忠骨》一文的课后习题相应围绕单元语文要素来设计，"从课文中找出描写毛主席动作、语言、神态的语句，体会他的内心世界，再有感情地朗读课文。"《军神》一文的课后习题，"从课文中找出对沃克医生动作、语言、神态的描写，体会他的内心变化，再以他的口吻讲讲这个故事。"这样的设计既关注阅读过程，又关注阅读方法。第六单元的语文要素是"了解人物的思维过程，加深对课文内容的理解。"《跳水》一文的课后习题是"在那个危急时刻，船长是怎么想的？他的办法好在哪里？和同学交流。"练习题对应单元语文要素，并把语文要素具体化。

二、准确把握练习系统的教学价值

练习系统是教师教学、学生学习的凭借，指导教师"教什么""怎么教"，学生"学什么""怎么学"。由此，我们在使用统编教科书时，要正确领会练习系统的编写意图与教学思想，准确把握练习系统"帮教助学"的教学价值，精准实施教学。

（一）紧扣练习题，制定教学目标

教学目标是一篇课文的导航，导航正确才能到达目的地。练习系统是确定教学目标的依据之一，教师可以围绕课后练习制定教学目标。《跳水》一课，课后除了两个生字表，有三道练习题，分别是：默读课文，想想故事的起因、经过和结果，把下面的内容填写完整，再讲讲这个故事；课文多次描写水手们的"笑"，把相关的语句找出来，说说这几次"笑"与故事情节发展的联系；在那个危急时刻，船长是怎么想的？他的办法好在哪里？和同学交流。依据三道练习题，我们可以制定教学目标为：一是能按照事情发展的顺序把握课文主要内容。二是能借助关键语句，说说水手们的"笑"与故事情节发展的关系。三是能了解船长的思维过程，加深对课文内容的理解。

（二）紧扣练习题，明确教学内容

王荣生教授提出来"教什么比怎么教更重要"，"教什么"是教学内容，"怎么教"是教学方法，教学方法是为教学内容服务的，所以，教什么比怎么教更重要。统编教科书的课后练习题的设计由浅入深，层次清楚，有利于教师确定课时教学内容，"教什么"更加明确。《青山处处埋忠骨》课后三道练习题的内容涉及两个课时的教学，第一课时整体感知课文内容"说说两个部分分别写了什么内容"，理清文章思路。第二课时"通过动作、语言、神态的语句，体会人物的内心世界"，并结合资料理解"青山处处埋忠骨，何须马革裹尸还"的含义。

（三）紧扣练习题，指导学习方法

"课程标准"指出"语文教学要培养学生自主学习的意识和习惯，引导学生掌握语文学习的方法，""应注重培养学生感受、理解、欣赏和评价的能力。"统编教科书更关注学生学习能力的培养，教学中可以充分利用好课后练习，引导学生充分理解课文的内容和情感，体会文章的表达特色（见表3）。

表3　学习方法既具体策略

学习方法	课文	具体策略
把握主要内容	《跳水》《景阳冈》《威尼斯的小艇》《祖父的园子》《草船借箭》《青山处处埋忠骨》	"从事物的几个方面"或"按事情发展的顺序""根据起因、经过、结果"厘清课文思路，把握课文主要内容。
阅读名著的方法	《景阳冈》	不懂的词语可以猜一猜
理解重点语句	《青山处处埋忠骨》	查找资料，结合人物的故事理解"青山处处埋忠骨，何须马革裹尸还"的含义。
描写人物的方法	《人物描写一组》	结合课文内容：选用典型事例、人物的动作、语言、神态、心理描写、周围人的反应。
创造性地复述故事	《景阳冈》	加上适当的语气、表情和动作。用自己话。
体会人物内心世界	《青山处处埋忠骨》《军神》	从人物的动作、语言、神态的语句体会人物内心世界。

（四）紧扣练习题，把握教学重点

统编教材是"核心素养"时代的产物，练习系统是核心素养的载体，语文要素的体现。单元语文要素是单元教学重点，统编教材利用课后练习题分解语文要素，具体到每一课，课后都有牵一发而动全身的练习题。所以，教学时，教师要紧扣练习题准确把握教学重点。

五年级下册第八单元的语文要素是"感受课文风趣的语言"，《杨氏之子》一文的课后第二题"借助注释了解课文的意思，说说从哪里可以看出杨氏之子的机智。"教学重点是感受杨氏之子的幽默语言。《手指》一文的课后第二题"课文的语言很风趣，如'他永远不受外物冲撞，所以曲线优美，处处显示着养尊处优的幸福'，找出类似的语句体会一下，再抄写下来。"教学围绕"感受课文风趣的语言"展开。

三、借助练习系统设计学习活动

深入领会统编教材练习系统的编写意图、教学价值，以课后练习为支架，结合学情，设计好循序渐进的教学活动，巧妙地将课后习题融入教学活动中。下面以《威尼斯的小艇》为例，设计教学活动。

编者为《威尼斯的小艇》设计了四道练习题，第一题引导学生从事物的几个方面整体感知课文，把握主要内容；第二题对应单元语文要素"体会静态描写和动态描写的表达效果"，是本课的教学重点；第三题是了解小艇的特点以及表达效果；第四题结合"阅读链接"加深对威尼斯的了解，体会几篇文本的表达方法。

基于课后练习题的设计意图，按照精读课文从整体出发，进入局部感悟，再回归整体的教学理念，《威尼斯的小艇》一文的教学可以设计以下活动。

活动一：整体感知

从事物的几个方面概括文章主要内容，此学习活动从课后第一题生发而来，"说说课文围绕小艇写了哪几方面的内容"，可以通过以下几步进行。

1. 初读课文，课文哪个自然段直接介绍了小艇？初读要求找出直接描写小艇的自然段，学生发现第二自然段介绍了小艇的外形。

2. 再读课文，课文除了写小艇的外形，还写了小艇的什么？学生再次读课文，发现第一自然段总的交代了小艇是威尼斯的主要交通工具。第三自然段介绍了坐上小艇的感受。第四自然段介绍了船夫高超的驾驶技术。第五、六自然段介绍了小艇与人们的生活关系密切。

3. 浏览课文，关注表达。总结一下，课文从几个方面写了威尼斯的小艇？（有了前两次的学习，学生发现写某一种事物，可以从几个方面来介绍，既把握了课文主要内容，又领悟了文章的表达方法）。

"新课标"对第三学段阅读的"把握主要内容"的要求是除了把握主要内容，还要"了解文章的表达顺序，初步领悟文章的基本表达方法"。

活动二：局部感悟

体会威尼斯从白天到夜晚与人们的关系。依据课后第二题设计学习活动，"体会作家笔下威尼斯动、静之美，再有感情地朗读课文。"全文的教学围绕这道习题展开，理解课文内容，学习表达方法。

1. 结合课后第三题感受小艇的外形特点，领悟表达效果。

第一步，让学生朗读第二自然段，小艇外形有什么特点，画出关键词。学生根据圈画的关键词概括小艇的特点是"长、窄、深""两头向上翘起""行动轻快灵活"。

第二步，让学生细读第二自然段，体会表达效果。让学生想象一下，把小艇与独木舟、新月、水蛇联系起来，并交流这样写的好处。课文用熟悉的事物与小艇做比较，可以帮助读者了解小艇的外形特点，为学习"船夫的驾驶技术好"做铺垫。

2. 在课后第二题的统摄下学习"船夫的驾驶技术好"。

第一步，让学生带着问题"你从哪些地方看出船夫的驾驶技术特别好"默读第四自然段，读后小组交流，全班交流。教师根据学生的交流梳理，来往船只很多的时候能操纵自如；拥挤的时候总能左拐右拐地挤过去；极窄的地方总能平稳穿过，速度快，还能急转弯。

第二步，让学生联系上文想一想，船夫的驾驶技术好，与什么有关。第一自然段中的"小艇成了主要的交通工具"，第二自然段中小艇的外形特点，"主要交通工具"说明小艇很常用，熟能生巧。小艇的窄、两头向上翘起、轻快灵活，便于穿行、转弯、挤。

第三步，再次朗读第三自然段，这一段围绕哪句话来写的，找出中心句"船夫的驾驶技术特别好"，初步感受围绕中心意思写清楚的表达方法。

3. 在课后第二题的统摄下，学习"小艇与人们的关系"。

默读第五、六自然段，哪些人坐小艇去干什么，对于五年级学生来说非常简单，文中写得很清楚。让学生发挥想象，还有哪些人会坐小艇去干什么，从而感受小艇与人们的关系非常密切。

活动三：回归整体

1. 课文开头交代了"小艇是威尼斯主要交通工具"，从第二、第六自然段看出，具体写了从白天到夜晚，威尼斯人的工作、生活都离不开小艇。学生从第六自然段的"簇拥在一起的小艇一会儿就散开了，消失在弯曲的河道中，传来一片欢笑和告别的声音。""水面上渐渐沉寂，只见月亮的影子在水中摇晃。""静寂笼罩着这座水上城市，古老的威尼斯又沉沉地入睡了。"感受作者笔下威尼斯的动、静之美，人动则艇动，人歇则艇静。

2. 结合课后"阅读链接"，体会不同作家描写威尼斯写法上的相似之处，加深对课文内容和表达方法的认识。

统编教材清晰的语文要素让教师明确教学目标，课后练习题层次清楚且聚焦，操作性强，检测性强，其目的是帮助教师明确"教什么""怎么教"，学生"学什么""怎么学"，教学时，教师要更加重视练习系统，发挥它"帮教助学"的功能，实施有效教学。

参考文献：

［1］叶建松.统编教材整体感知类课后习题的编写特点与教学策略[J].语文
建设，2021（05）.

［2］朱丽琴.以"题"导学：课后练习在教学中的运用[J].小学语文,2020(6).

领悟课标精神，用好统编教材，促课堂教学变革

2021年国家"双减"政策出台，减轻义务教育阶段学生的作业负担和课外培训负担。2022年，"新课标"颁布，是语文课程改革的大事，是语文教师专业发展的大事，意义重大，作用非凡，"新课标"落地要在课堂教学当中。"双减"是大背景，落实"双减"，重心还是在课堂上。领悟"新课标"精神，用好现行统编教材，促进课堂教学变革，以此提高课堂教学质量。

一、读好两本书，提高解读教材的能力

（一）第一本书——教材

把小学阶段全册语文教科书当成一本书来读，教材编排的单元语文要素，

从低段到高段是有序分布的，具有序列化和体系化特点，是"新课标"中不同学段学习目标和学习任务的具体体现。

统编语文教材循序渐进安排了复述能力的训练，二年级上册第3、6、8单元，二年级下册第7单元，三年级下册第8单元，四年级上册第8单元，五年级上册第3单元，语文要素都是关于复述的。二年级借助图画、关键词、表格等复述故事，三年级了解故事的主要内容，详细复述，四年级简要复述，五年级了解课文内容创造性复述，体现了语文要素的进阶。

陈先云老师说："想要用好统编教科书，上好语文课，教师需要钻研全套教科书，领会编写理念，理解编排意图；根据学生的学习状况、认知水平和发展需要，把教科书中对学生来说最有价值的学习内容提炼出来，精准定位教学目标。"①教师阅读统编全册教材，系统、全面了解编排意图，研究册与册之间语文要素的横向与纵向关联，脑海中形成单元知识与概念的框架图。只有读懂教材，才能用好教材，才能活用教材，从而提高教师解读教材的能力。

（二）第二本书——《义务教育语文课程标准（2022版）》

"新课标"指导教材的编写，指导课堂教学的实施、指导教学评价、指导考试命题。新课程改革改什么，怎么改，改成什么样，答案都在"新课标"里面。

1.细读课标文本，与2011版课标比对，发现变化

课标中的每一句话都是专家经过反复推敲的，学习的时候一定要细读、清楚课标要求我们做什么，怎么做，与旧课标对比，看它的变化。与2011年版课标相比，2022年版课标的变化是颠覆性的、突破性的。主要变化有：首先，课程目标变了，核心素养目标，它与"双基""三维"目标的区别，就是刷题与解决问题的区别，新课标有继承有创新；其次，课程内容结构化了，新课标从纵向上优化了课程内容，把过去比较零碎化的知识点或考点进行重新建

---

① 陈先云.长文短教难文浅教——用好统编小学语文教科书的几点思考[J].小学语文，2020（10）：4~10.

构，义务教育阶段的语文课程内容统整为三大主题，即"中华优秀传统文化""革命文化""社会主义先进文化"，以六个任务群的方式呈现。还增加了学业质量，首次提出了语文学习的标准化质量要求，达到什么样的学业质量。学业质量与学段目标是对应的，是落实学习目标的。三个方面体现教、学、评的一致性，新课标、新理念，必定要产生新课堂。

2. 研读课标文本，与实践结合，找对应点

"新课标"内容简单，但是内涵非常丰富，学习"新课标"是今后很长时间里一线教师与教研员的主要学习内容与学习任务。一线教师学"新课标"，要与自己的教学实践相结合，与同学科教师的课例相结合，教学设计、作业设计、命题设计、课堂教学等，心中时刻装着"新课标"，这样，对"新课标"的理解、领会就会更深更透彻。

3. 增强课改意识，学习运用"任务群"的方式、转变教学观念

语文课程内容以"学习任务群"的方式呈现，既是新理念，也是新的教学模式。统编教材双线组元的教材编排理念倡导系统思维，与"新课标"理念高度一致，语文要素是落实语文核心素养的基本单位。单元中的人文主题与新课程"三种文化"等内容基本一致。可见，"新课标"倡导的核心素养教育理念，在现行语文统编教材里大致存在，统编教材可以用"学习任务群"来整合单元教学，单元教学就是某个学习任务群中的一个学习主题，围绕学习主题设计单元学习任务，单篇课文的学习就是单元任务中的一个学习任务，这个学习任务下有若干学习活动，活动下又有子任务。

我们重点在于研究单元背后语文要素纵向、横向的关联，发展学生的核心素养。任务群教学很重要，单篇教学更重要，是任务群教学的基础。

4. 校本教研聚焦"新课标"，教师培训教师

校本教研以"四课"活动等形式为契机，推动教师的"新课标"学习，老师们带着课标进课堂听课，带着任务和问题进课堂；带着"新课标"集体备课；带着"新课标"集体作业设计。学校还可以把"新课标"的内容按板块分摊给各年级组，由年级组承担，结合自己的课例给全校语文教师做培训。

校本教研聚焦"新课标"，结合课堂教学改革开展学习，"新课标"学通了，弄明白了，老师的课就教好了，学生就能学好了，课堂教学改革就落地了。

读好"两本书"，是课堂教学改革的重要一环，没有理念，实践就会盲目，没有实践，理念就会空洞。在语文教材尚未修订的情况下，积极主动依据"新课标"精神用好统编教材，促进学生核心素养的发展，探索核心素养导向的语文课堂教学变革之路。

二、实现"教得轻松，学得有效"的高效课堂

高效课堂、有深度的课堂、以学生为中心的课堂、学习真实发生的课堂、核心素养落地的课堂等多种课堂，是教师们一直以来的追求，但究竟怎样才能实现，是摆在所有教育人面前的课题。"教得轻松"背后一定是不轻松，研课标、研教材、研备课。

（一）备课与新课堂

新理念下的备课一定会影响课堂实施的变化，新课程理念下的备课遵循三个维度：学习目标、评价任务、学习活动。学习目标排在第一位，目标明确，就清楚教什么，评价什么，教、学、评一致，课堂教学质量自然会提高。

1.维度一：核心素养目标，体现语文的育人功能

素养立意的教学目标就是学生主体的教学目标，需要立足学生视角、以学习者为中心突出学生学习后的收获、提高、发展和变化。确定学习目标要结合统编教材，关注单元人文主题和语文要素；结合课后练习系统、交流平台、语文园地等单元助学系统；参照"新课标"中"学业质量"对各学段的评价要求和最终形成的核心素养。

2.维度二：创设情境，凸显语文学习的实践性

"新课标"很重视学习活动的情境创设以及语文学习的活动实践性。《义务教育语文课程标准2022版》的课程理念之一"增强课程实施的情境性和实践性，促进学习方式的变革"，要求"从学生生活实际出发，创设丰富多样的学习情境，设计富有挑战性的学习任务，激发学生的好奇心、想象力、求知欲，

促进学生自主、合作、探究学习。""课程实施"教学建议中提出"创设真实而富有意义的学习情境，凸显语文学习的实践性。"

"从学生生活实际出发，创设丰富多样的学习情境""学生生活实际"是模拟学生真实生活情境，贴近学生生活、符合学生年龄特点和认知规律的情境，不是把学生带到真实生活场景中去。传统的教学也创设情境，是某个教学环节情景，"新课标"中创设的情境是系统性的，基于大概念的任务情境，情境中带着问题，有问题导向。创设单元主题情境，单篇课文学习情境，也可以在学习活动中创设情境。

如重庆高新实验一小的邓建东老师执教《黄继光》一课，创设学习情境"战斗英雄"班级故事会，学习活动围绕故事会展开，讲述准备"读懂故事"，读懂故事就要学习课文内容，设计两个学习活动，活动一"梳理脉络"，练习把故事经过讲清楚；活动二"品读细节，感受人物形象"，有两个学习任务，任务一"默读课文，勾画敌人火力猛的语句，体会对表现人物品质的作用。"任务二"默读课文，勾画黄继光动作的语句，批注阅读体会，黄继光是个怎样的人。"完成后，借助脉络和细节自己练习讲"战斗英雄"故事。

创设了学习情境，学习过程就要在情境中开始，情境中进行，情境中结束，有专家认为：在真实情境中构建的知识，能打通学校教育与现实世界的通道，学习是为真实生活需要而学，培养的目的就是形成学生的核心素养，能做事。

3. 维度三：设计评价任务，体现教、学、评一致性

教、学、评的一致性，是学习目标、学习过程、评价任务，三者的目标是一致的。课堂评价贯穿语文学习全过程，当堂检测学习结果。评价要多元化，评价工具要科学化，可以是语言的针对性评价，也可以是纸笔测试，包括课堂练习。设计学习目标的时候就已经设计好了评价任务，每个学习活动都应该有相匹配的评价任务。

（二）构建以学习者为中心的有效学堂

以学习者为中心的学堂就是"教得轻松，学得有效"。内涵有二，一是"轻

松"背后的不轻松，教师要做大量的工作，研学课标、研学教材、解读教材、精心备课。二是把课堂还给学生，课堂上学生忙着听、忙着说、忙着读、忙着写，学生有自主学习的时间和机会、有任务驱动的合作学习、有探究学习的深度。学生通过预习可以学懂的内容，老师检查就可以了；学生看了教材自己可以搞懂的一些内容，就让学生自己看教材；如果学生看了教材仍然不懂，老师组织合作讨论、交流；合作了还不懂，老师讲解。教师的主导作用是为学生的自主、合作、探究搭建学习支架，运用课前预习单、课中学习任务单、思维导图等，给学生的学习提供机会，提供学习方法，帮助学生达成学习目标。课堂中要关注学生的变化，关心学生的成长，树立学生的自信心，把学生放在第一位。

新一轮教育改革的号角已经吹响，语文教师要紧跟时代步伐，及时更新教学理念，改进教学模式，在教学的转型中关注学生核心素养的形成，努力打造"教得轻松，学得有效"的高效课堂。

用好统编教材提升学生语文核心素养

语文素养是指语文能力和语文知识、思想情感、语言积累、语感、思维品质、品德修养、审美情趣、个性品质、学习方向、学习习惯等的综合评价。提高语文教学的质量，就是提高学生语文素养，课堂有效教学是提升语文素养的有效途径。统编教材全面实施，教师的教法和学生的学法都发生了很大的变化，如何用好统编教材，提升学生语文核心素养？

一、语文课要聚焦"语用"

语文学科的核心素养为"文化自信、语言运用、阅读能力、审美创造"，《义务教育语文课程标准（2022版）》中明确指出："语言是重要的交际工具和思维工具，语言发展的过程也是思维发展的过程，二者相互促进。语言文字作品是重要的审美对象，语言学习与运用也是培养审美能力和提升审美品位的重要途径。语言文字既是文化载体，又是文化的重要组成部分，学习语言文字的过程也是学生文化积淀与发展的过程。"所以，语文教学要聚焦"学习语言文字运用"，"新课标"对语文课程的定位是：语文课程是一门学习国家通用语言文字运用的综合性、实践性课程。是工具性与人文性的统一的课程。第一句是语言文字的运用，然后是学习"语用"时，得到思想文化的熏陶，文化修养、精神熏陶，都是很自然带进来的。

二、语文课要落实单元语文要素

（一）单元教学，从单元导学入手

统编教材从三年级开始，以单元主题编排教材，单元结构为：单元导读、课文、交流平台、语文园地。单元导读的位置在单元的首页，从序列上看，首先要被重视。整个单元教学，分析教材与教学设计的第一件事情必须关注单元导读。从作用上来看，一个单元要教什么，达到什么样的效果，实现什么目标，借助单元导读，一目了然。单元导读里面有什么？第一，这个单元的人文主题。第二，单元的语文要素，其中一条指向阅读理解，一条指向习作表达。《景阳冈》是五年级下册第二单元的课文，单元主题"阅读古典名著"，语文要素"初步阅读古典名著的方法；学写读后感。"我们一下子就关注到了阅读古典名著的方法和写读后感。整个单元的教学都是为这一要素服务。《十六年前的回忆》是六年级下册第四单元的课文，单元语文要素是"关注外貌、神态、言行的描写，体会人物品质；查阅相关资料，加深对课文的理解；习作时选择适合的方式进行表达。"本单元教学是通过人物细节描写体会人物品质，借助资料加深对课文内容的理解。

《千年梦圆在今朝》是四年级下册第二单元的课文，单元主题是"科学精神"，语文要素为"阅读时提出不懂的问题，并试着解决；展开奇思妙想，写一写自己想发明的东西。"不难发现，语文的学习最终要落实在写上，写是语文要素的综合体现。《千年梦圆在今朝》一课不是学习科学是如何发展的，而是展开奇思妙想，写一写自己想发明的东西。

为什么要学习单元导读。因为单元导读的逻辑性、系统性很强。目标前后关联，是循序渐进的，我们备课的时候不能看一课教一课，备课时教到哪一课就备哪一课。三年级下册八个单元纵向比较教学目标，层级递增。如写作目标，第一单元"试着把观察到的事物写清楚"；第二单元"把图画的意思写清楚"；第三单元"收集传统节日的资料，交流节日的风俗习惯，写一写过节的过程"；第四单元"观察事物的变化，把实验过程写清楚"；第五单元"发挥想象写故事，创造自己的想象世界"；第六单元"写一个熟悉的人，尝试写出他的特点"；第七单元"初步学习整合信息，介绍一种事物"；第八单元"根据提示展开想象，尝试编童话故事"。每个单元都有"写"的要素，但你会发现有一个逻辑关系，目标要求越来越高了，在不断地提升难度。《千年梦圆在今朝》所在单元语文要素"阅读时提出不懂的问题，并试着解决"，四年级上册第二单元的阅读策略单元"提问策略"，学生已经学习提问了，四年级下册增加难度，这是不同册次之间的关联，也体现了语文要素的前后勾连和发展性。

单元导读怎么用？可以把单元导读放在整个单元教学之前用，这样是为了了解这个单元要学什么。也可以放在教学之中，在教单元课文的教学中，要不断地回看单元导读，对应导读中提出的要求，一一落实，严格执行，纠偏教学行为，调整教学方向。单元导读也可以用在单元教学之后，是为了回顾与检测，看看本单元的学习历程，学习收益，回顾是为了更好地进展，再次对照单元目标检测是否达成，如有遗憾，及时查缺补漏。

单元习作和单元内容都是同一个主题，从教学单元的第一课开始，就要交流阅读感受，渗透读后感的写法。单元学习结束，习作便水到渠成。有的知识和能力是在教学过程中带出来的，不是刻意教会的。

（二）教学目标要导向单元语文要素

统编教材凸显语文素养，明晰教学目标，采用"双线组织单元内容"，即以宽泛的人文主题将单元课文组织在一起，同时将语文训练的基本要素，包括必需的语文知识、基本的语文能力、适当的学习策略和学习习惯等，分成若干个知识或能力训练的"点"，由浅入深，分布并体现在各个单元，通过单元内的课文教学落实语文要素。

单篇课文教学目标的制定，依据就是单元语文要素和课后思考题。把课后思考题解决了就是完成了教学，不仅告诉我们教什么，还告诉我们怎么教。四年级下册第二单元以"科学精神"为单元主题，《琥珀》《飞向蓝天的恐龙》《纳米技术就在我们身边》《千年梦圆在今朝》，教学重点指向"提出不懂的问题，并试着解决"这一要素。教学时对接课后思考题，找到语文要素在课文中的落脚点。在哪里提问，怎么解决问题，学生在四年级上册就学习了提问策略，在四年级下册编排，是对策略的巩固，若学生还是不会提问，老师可以示范，教材也有示范，《琥珀》的课后思考题"课文为什么说那块琥珀，我们可以推测发生在几万年以前是故事的详细情形？"

（三）依托课后思考题设计学习活动

对接课后思考题，找到语文要素在课文中的落脚点，设计学习活动。采用主问题教学法，主问题就是课后思考题，用课后思考题设计学习活动，《十六年前的回忆》"按时间顺序回忆了李大钊的哪几件事情？"落脚点就是文中描写时间的词语，让学生自主默读课文，找时间词语，"那年春天、可怕的一天、十几天过去了，28日黄昏。"被捕前、被捕时、法庭上、被害后就出来了。学生自主学习完全可以完成。

体会"前后照应"的好处，问：1927年在文中出现了几次？学生找到两次，老师提示看课文最后两个自然段。学生很快就发现第32自然段："昨天是几号？记住，昨天是你爸被害的日子。"时间和事件的照应，体会这种表达的好处，记忆深刻，谋篇布局上结构严谨了。叶圣陶说："课文就是个例子"，意思是用好例子给学生教学习方法和写作方法。

我们不难发现，学习活动是为了落实语文要素的，所以，学习活动的设计直接影响语文的学习效果。

三、课堂上让学生忙碌起来

学习活动体现学生的学习方法，让学生根据活动任务在文中找、画、批注，自主学习与合作学习相结合。课堂上要让学生动起来，忙起来，凸显学生的主体地位。

讲读课文，把课后思考题教给学生，先自主学习，解决不了开始合作，然后交流。教师少讲，让学生读、说、评价，包括学生之间的评价，师生之间的评价。教师组织、引导"谁来评价他读得怎么样？""你同意他的观点吗？你是怎么想的？""谁和他的想法不一样？"教师对学生的评价，顺着学生的回答来说，可以追问，不要重复学生的话。

有的课，老师上得好辛苦，老师帮着学生把什么都做了，词语什么意思，帮学生打到课件上，句子的意思，段的意思，打到课件上，然后给学生一遍一遍地说，学生很悠闲，坐在座位上就听老师怎么说。如果老师再帮着学生吃饭，学生不是饿死了吗？

课堂上，教师闲一点，学生就会忙一点，所以，设计学习活动，交给学生，给他们找事做。如，有一位老师执教《千年梦圆在今朝》一课，是略读课文，老师从阅读提示入手，本课的阅读提示是"默读课文，说说中华民族千年的飞天梦是怎样逐步实现的？感兴趣的同学可以查阅资料，了解我国在航天领域的最新成就。"这就是这篇课文的主问题，也是语文要素。利用阅读提示，给学生明确学习任务，让学生自主学习，初读课文，布置任务"说说中华民族千年的飞天梦是什么"，让学生带着任务，有目的地阅读，六年级有一个阅读策略单元"有目的地阅读"。略读课放手让学生自己学习，但是在全班交流的时候又有点儿复杂化了，老师又代替得有点多了，不肯放手。交流的时候，把一个问题拆分成了两个，"默读课文，圈出文中表示时间的词语，完成表格，说说中华民族千年飞天梦的发展历程""交流载人航天梦想是怎样一步一步实现的？"顺势指导学生理清课文的行文线索，老师教着教着，把前面的主问题给丢掉了。

语文是实践性课程，只要给学生实践的机会，就会促进学习能力的提升。

四、语文素养的落脚点在习作

每个单元都有习作，统编教材又专门用一个习作单元来进行习作的专项训练，在单元导读页面，语文要素前标注有一支笔的图标，这就是习作单元的特殊标志，它提示教师和学生注意区分，明显地告知，学习写作是本单元的重点。

六年级第三单元是习作单元，单元编排了两篇比较经典的阅读课文《匆匆》《那个星期天》，两篇习作例文《别了，语文课》《阳光的两种用法》，意图都是集中服务于学生最终能够自由自如地写作文。

学习《匆匆》《那个星期天》，不重点分析课文讲了什么，主要让学生在文中寻找表达方法。《匆匆》这篇课文的课后第一题要求有感情地朗读课文，背诵课文，只要学生读熟了课文，就会明白课文写的就是珍惜时间的，作者感叹时间流逝得太快。作者是用什么方法来写的呢？课后第二题：课文有两处使用了一连串的问句，找来读读，说说表达了作者怎样的内心感受，体会这样表达有什么好处。

第一处在第一自然段，一连串地提问，然后举了一些具体的事例。早上起来时、洗手时、吃饭时、默默时、伸手遮挽时、天黑时、睁开眼时。第二处在第四自然段，作者直接抒发感情，表达对时间流逝的一种感慨。这就是这篇课文的写法：先提问、再举例，最后直接抒发情感，结尾一句"我们的日子为什么一去不复返呢？"前后照应。

"新课标"对第三学段阅读教学要注重"在阅读中揣摩文章表达的顺序，体会作者表达的思想感情，初步领悟文章基本的表达方法"的落实。交流平台就是梳理方法、教方法的，与课文学习结合起来。

两篇习作例文的使用，可以把一篇放在写作文之前，配合批注来阅读。习作例文都是做了批注的，指明作者的创作技法。《别了，语文课》中几处批注"用几个具体事例写出了我对语文课的情感变化，读起来非常真实自然""这段独白更加直接而强烈地表达了心情"。

例文中的语言更接近学生，内容一看就懂。教师给更多的时间，组织学生自主、合作学习。另一篇可以放到写作文之后，评改作文的时候借助习作例文给学生再进行二次指导。

"初试身手"就是让学生练手的。虽然简单，但是教学时不可走过场，这是习作前的预热环节。有助于写作文。

教师所做的都是为学生学习服务的。把学习的事儿交给学生，相信学生的潜能，我们要挖掘学生的潜能，培养学生创新能力。

参考文献：

［1］何捷.一篇一篇解读统编 [M].长江文艺出版社，2019.05：93~100.

生本教育理论下的"依靠学生教学"

没有人能够知道春风的颜色

只有当她吹拂过山川和田野

没有人能够知道教育的发生

只有当它们让学习者的心灵扬起风帆

没有人能够知道孩子们的灵慧

只有当他们自由地思考和实践

——《谛听教育的春天》

"生本教育"的核心理念就是高度尊重学生，全面依靠学生，把以往教学中主要依靠教师的教，转变为主要依靠学生的学。教师的作用和价值体现在最大程度地调动学生的内在积极性，组织学生自主学习。这不仅仅是教育方法的转变，更是教育观念的深刻变革，这也正是新课程所倡导的理念。

一、生本学习小组的建设

小组合作学习是生本教育理念下的一种学习方式，它和新课程提出的小组合作学习如出一辙，也是把学习任务交给学生的一种重要的组织形式。

根据班级人数的多少，可以分为6人一组或者4人一组，每个小组有自己的组名，可以用名人的名字等方式命名，如，有爱因斯坦组、牛顿组、法布尔组、莫扎特组、萧红组……名字都是由学生提名的，列了满满一黑板。小组6人分别有编号，1号同学，2号同学……6号同学。确定组名以后，开始分工，负责搜集名人的简介、故事、名人名言，资料齐全以后，利用美术课制作组牌，组牌正面是名人简介和同学的编号及姓名，背面是名人名言。制作好的组牌挂在评比栏中，作为小组评分的第一项内容，每个小组还有一张操行评比表。从建组开始，组员的合作意识就有了，动手动脑，还拓宽了知识面。

二、生本阅读教学课堂操作模式

（一）提前预习，前置准备

1. 整单元预习

学习一组课文之前，先整单元预习，让学生对一个单元的内容有大致的了解。整单元预习内容有"读单元导语，明确单元主题和单元学习目标""通读，了解单元课文、语文园地、口语交际、习作内容"。

2. 单篇课文预习五步法

学习每一篇课文之前利用"预习五步法"再预习每一篇课文。

第一步：熟读课文，不能有一个不会认的字，家长听读。标自然段序号。

第二步：用不同的符号标出文中两类生字词；通过查字典等方法给要求会写的字组两个词语，给多音字注音组词，将词语写到书上。

第三步：通过查词典等多种方法，理解文中难理解的词义。

第四步：课文大概写了什么内容，试着用思维导图表示出来。

第五步：提一个不懂的问题，不会提问题参照课后题。

这个预习五步法可根据不同年级来设计，设计的原则是学生能独立完成。

3. 检查预习

小组长检查组员，组员检查小组长，小组间互相抽查。教新课前，利用课余时间，各小组、组长、成员间可以随时互相抽查，预习的每个环节都做得非常到位，每个小组成员加2分，只要有一人未完成，成员都不得分，小组成员完成的好坏均系在一起，增强了学生的合作意识；抽查出未完成预习任务中的一项，扣该同学2分，及时补上未完成任务。第二次再有不完成或故意未完成者，"奖励"小组集体背一篇经典文章。课堂上，教师检查课文的朗读，会叫每个组的★号同学读课文，读的过程中交流词语的理解。

（二）自主学习，整体感悟

学生自主学习，让每个学生都有话说、都有收获；老师在认真倾听学生讨论、发言的基础上进行"点火"，让学生思想的火花进行碰撞、让学生的潜能得到发挥与拓展。

1. 明确学习目标

学习目标是师生共同完成的，教师知道要给学生教什么，学生明白自己要学什么，在教师的帮助下学生达成学习目标。

（1）根据单元目标确定单篇课文的学习目标。如，四年级下册第四单元的单元总目标是"体会作家是如何表达对动物的感情的""写自己喜欢的动物，试着写出特点"，根据阅读目标可以确定《白鹅》的学习目标"能从叫声、步态、吃相三个方面感受作者对白鹅的喜爱"；《猫》的学习目标是"能通过具体事例说说作者非常喜欢猫"；《母鸡》的学习目标是"说说作者为什么会对母鸡的态度前后发生变化"。

（2）根据课后的练习题设计学习目标。如，《观潮》一文的课后题"让我们一起来想象'潮来之前''潮来时''潮退后'的景象，再交流读后的感受"；《蟋蟀的住宅》一文的课后题"从哪些地方可以看出蟋蟀不肯随遇而安？它的住宅为什么可以算是伟大的工程？"这样的问题统领全文。

（3）课文的表达方法是每课必有的学习目标之一。

确定学习目标，采用"主问题教学法"，即一篇课文围绕一两个主问题进行阅读研讨，感悟理解。

2. 明确自主学习方法

（1）找：根据研讨的问题找出的相关段落和句子，用"～～～"勾出。

（2）读：读出自己勾画的段落或句子。

（3）圈：圈出关键词，注上着重符号"·"。

（4）注：给关键句或重点词注上旁批。

（5）质疑：对不懂的地方提出疑问，注上记号，准备在小组内交流。鼓励大胆质疑，甚至挑战课文，挑战作者，挑战权威。

3. 给足时间，静心学习

给足自主学习的时间，让每个孩子真正进入文本，获取自己最真的学习体验，感受获取知识的乐趣。

4. 小组合作，探究释疑

（1）小组交流，互相补充，引起共鸣

小组成员围坐在一起，依次汇报学习收获，汇报的同学站起来交流，其余同学认真倾听，回答得好要鼓励，回答得不够完整要补充。

具体交流方法举例：

组员1：我是1号成员，围绕"……"这个问题，我找的重点句是……我的理解是……我找的关键词是……我的理解是……请同学们补充，谢谢!

组员2：我是2号成员，你说得真好! 我也认为……我们一起来读读这个句子吧!

组员3：我是3号同学，我不同意你刚才的说法，我认为……

（2）组长解疑

组长：同学们，对这篇课文的学习，你们还有什么疑问或新的发现?

组员1：我对这句话还是不够理解，请同学们帮助我。

组员2：……

（3）教师评价

小组合作时，教师巡视指导，帮助解疑；合作学习结束后，教师对小组学习进行评价，包括合作协调，全员参与程度等，进行加分鼓励，表现好的小组嘉奖5分，有进步的小组嘉奖3分。

5. 全班汇报交流，心灵碰撞

交流程序：

组员1：同学们，我是×××小组1号成员，我负责生字、新词的教学任务，请跟我读……我提醒大家这些字的字音……我们再来记字形，我提醒大家……谁有补充？我为你们示范朗读吧！最后，我来检查同学们的字词理解情况：谁来说说你已经理解的词语，并说说你使用什么方法理解的？同学们，我的教学任务完成，请提建议，谢谢！

组员2：同学们，我是×××小组2号成员，我给大家汇报交流问题是……请大家看到第……自然段，请我们班的"小播音员"为我们读读吧（读完后）！谢谢！你的声音真甜！

组员3：我找的重点句是……我的理解是……谁有补充？我找的关键词是……请大家标上着重符号，我从……这个词中读懂了……同学们，谁有补充？

全班同学纷纷发表见解，小老师抽人回答，教师调控，追问，直到把主问题弄懂。

组员4：一石激起千层浪，刚才同学们都各抒己见，谈出了自己的理解和感受，那我们要怎样才能读出自己的感受呢？（学生回答）请读书最有感情的某某同学为我们示范吧！（读完后）我们也像这位同学一样声情并茂地朗读吧！再分男女生比赛怎么样？（男女生赛读）同学们，我的讲解完毕，请多指导（同学谈看法，要求以鼓励为主）！

组员5：同学们，我是×××小组5号成员。我负责交流本课的表达方法，请大家看第……自然，我认为这里用了……的表达方法，这样写的好处是……谁有不同的意见？你还能从课文中找出哪些表达方法吗（全班同学补充，教师调控指导）？同学们，学以致用，我希望你们能把今天学到的表达方法用到你平时的作文中，让你的文章更生动，更吸引人！谢谢！

特别嘉奖：每篇课文特别嘉奖一个小组来补充前面小组没谈到的内容或问题，主旨是激发学生多角度读书，培养学生的求异思维。

6. 总结升华，延伸学习

组员4：同学们，现在我来为今天的学习作总结：通过本课的学习，我有许多的收获：第一，……第二……你们还有什么收获呢（学生总结，教师帮助提炼重难点）？同学们说得真好！最后，我们来完成练习，检测检测我们的学习效果吧（布置练习，学生作业）！

生本教育突出学生，规定每堂课老师讲话时间不超过十分钟，其余时间都交给学生进行小组讨论、上台发言、交流体会、自主学习；突出学习，课前的学习准备、上课时的小组讨论、上台发言与座位上聆听、质疑、探究、课后的追根问底，处处突出学生的学习，让学生学会学习比学到知识重要千万倍；突出合作，全班分成若干小组，无论是课前准备，还是上课时的学习，每位学生都必须在小组内充分发挥其应有的作用。

学习任务群理念下的小学语文单元整体教学的探索

"语文学习任务群"最先出现在《普通高中语文课程标准（2017年版）》中，"新课标"赓续了高中新课标的精神，以学习任务群来组织和呈现课程内容，以课程内容结构化推动育人方式的变革。

对于单元整体教学，并不陌生，人教版教材的编写就是以单元主题组织单元内容，强调语文教学的整体性。现行的统编教材编写"双线"组元，有宽泛的人文主题和具体的语文要素。给学生"教什么"更清晰、更具体。统编小学语文教材执行主编陈先云指出，当前的工作重点是推动新课标与教材的有机衔接和相互关照，整体统筹，逐步改进教学，而不是片面地迎合，只追求概念和形式上的创新。

所以，可以用教材中的自然单元落实"学习任务群"教学，整体规划单元的主题情境、任务设计，活动推进，使学习内容结构化，践行新课标理念。怎样才能把"新课标"和统编教材结合起来，进而把课标精神"转化"成教学的行为？老师备课时就应当根据"学习任务群"所提示的"任务"去组织单元教学。

一、学习任务群的内涵

关于学习任务群的内涵，新课标有两处集中表述。

第一处在"课程理念"部分：义务教育语文课程结构遵循学生身心发展规律和核心素养形成的内在逻辑，以生活为基础，以语文实践活动为主线，以学习主题为引领，以学习任务群为载体，整合学习内容、情境、方法和资源等资源要素，设计语文学习任务群。

第二处在"课程内容"部分：义务教育语文课程内容主要以学习任务组织与呈现。设计语文学习任务，要围绕特定学习主题，确定具有内在逻辑关联的语文实践活动。语文学习任务群由相互关联的系列学习任务组成，共同指向学生核心素养发展，具有情境性、实践性、综合性。

吴忠豪教授说："学习任务群就是结合学生生活创设真实的学习情境，设计挑战性的学习任务，以任务驱动方式开展进阶式的语文实践活动，引导学生在运用语言的实践活动中，领会学科知识，获得运用语言文字的能力，提高语文核心素养。"

结合专家的表述来看，学习任务群的最终目的就是学生核心素养的形成，学习任务就是载体，用学习任务整合单元内容、情境、方法、资源。

二、学习任务群的特点

从"新课标"中的课程理念对学习任务群内涵的表述，学习任务群的特点如下：

1. 以核心素养为目标

语文学科的核心素养包括四个方面，即"文化自信""语言运用""思维能力""审美创造"。其中，"语言运用"是语文课程核心素养的基础与载体。温儒敏教授概括的"以一带三"说的就是"语言运用"是核心素养的核心，学生在学习语言运用的过程中发展思维，文化自信和审美创造都是带进来的。

2. 以学习主题为引领

每个学习任务群由若干学习单元组成，每个学习单元都有一个明确的学习主题，以学习主题统领单元学习。这里的学习主题与教材单元的人文主题是有区别的，人文主题关注的是内容，学习主题关注的是核心素养。

3. 以学习任务为载体

以任务驱动，组织成一个围绕目标、内容、实施与评价的完整的学习事件。围绕学习主题设计系列学习任务，是单元教学的关键环节，一个学习主题下面有三四个学习任务，学习任务之间是有逻辑关系的，每个学习任务都是单元学习的一部分，前后关联，目标朝着学生核心素养方向发展。

4. 以语文实践活动为主线

"核心素养不是直接由教师教出来的，而是在识字与写字、阅读与鉴赏、表达与交流、梳理与探究的实践活动培育起来的。"每个学习任务群在表述它的内涵与功能的时候都以"本学习任务群旨在引导学生在语文实践活动中"的句式开头，足以证明"实践活动"是任务群教学的主要途径和渠道，以学习活动落实语文核心素养。

5. 以学生生活为基础

学习任务群倡导结合生活情境运用语文的综合性实践活动，突出语文学习来源于生活，服务于生活的特点。真实的生活情境，能把学生的学习内容、学习活动和社会生活结合起来，体现语文学习的实践性，激发学生的学习兴趣。如三年级下册第三单元"中华传统节日"综合性学习，学生通过各种途径寻找收集生活中的传统节日、了解节日习俗、记录和家人过节的过程，写过节日的作文，加深对学习内容的理解，激发对传统文化的热爱，增强文化自信。

三、学习任务群理念下的单元整体教学策略

（一）提炼学习主题，统整学习目标

1. 有明确的学习主题

任务群理念下的学习主题不是单元的人文主题，人文主题是静态的，学习主题是动态的，突出"学习"，结合人文主题和语文要素提炼单元学习主题。如五年级上册第六单元，单元人文主题是"舐犊情深"，语文要素是"体会作者描写的场景、细节中蕴含的感情。"由此，提炼学习主题："感受舐犊情深"或者"舐犊情深我来体验"。

2. 有统整的学习目标

任务群学习目标和素养型目标是对接的，围绕核心素养的发展建构。单元学习目标要统整聚合，研读课程标准学段目标和单元语文要素、单元内各板块内容，进行融合设计，合力指向核心素养的四个方面。

如三年级上册"走进奇妙的童话世界"，有四篇课文：《去年的树》《那一定会很好》《在牛肚子里旅行》《一块奶酪》。

学习目标：

（1）阅读童话，结合自己的阅读体验，能梳理总结童话的特点。

（2）感受童话中相似的情节变化，欣赏其中奇妙的想象。

（3）发挥想象，编写有趣的童话故事，通过开展示会、写推荐语、设计邀请函等不同形式，介绍这些童话故事。

（二）创设真实情境，构建系列任务

1. 创设真实的生活情境

"新课标"指出，义务教育语文课程培养的核心素养，是学生在积极的语文实践活动中积累、建构并在真实的语言运用情境中表现出来的。义务教育语文课程实施从学生语文生活实际出发，创设丰富多样的学习情境，设计富有挑战性的学习任务。统编教材每个单元都有宽泛的人文主题，内容涉及中华优秀传统文化、革命文化、社会主义先进文化、儿童生活等，为创设真实情境提供了有效载体。

如五年级上册第六单元"舐犊情深"。

创设主题情境：学校电视台要拍摄一组父母之爱的视频，放在教育平台起到育人的作用，特邀请小学生推荐从课本里学到的关于父母之爱的故事，要从中选几个典型的，比较感人的场景，你打算推荐哪个故事中的哪个场景？我们一起学习《慈母情深》《父爱之舟》《"精彩极了"和"糟糕透了"》，寻找感人场景拍视频。

"新课标"特别指出"语文学习情境源于生活中语言文字运用的真实需求，服务于解决现实生活的真实问题。"

2. 构建有内在关联的任务

"新课标"提出设计学习任务，要围绕特定学习主题，确定具有内在逻辑关联的语文实践活动。一个学习主题就是一个单元，学习一个单元，设计系列学习任务，一般一个主题下面有三四个任务。学习任务的特点，前后关联，有逻辑性，有进阶性。

如四年上册第五单元"捕捉精彩瞬间"。设计四个任务形成任务链。

任务一：观一场惊心动魄的狗鸟大战

任务二：见证一老一少攀登高峰的勇气

任务三：写一个关于自己的精彩故事

任务四：编班级"生活万花筒"故事集

（三）统整单元内容，展开学习活动

1. 单元内容重组

任务群理念下的单元学习设计，需要教师有系统思维，要整体观照单元内容，把一个单元看成一个统一的整体进行系统设计。教学内容的统整需要教师有主动建构课程的意识，对教学内容融合的过程，也是教师精选、优化教学内容的过程。教师可以根据目标和主题，把单元内的教学内容重新排列组合。

教材的编写顺序不是教学的顺序，根据教学需要进行内容重组，帮助学生实现概念的建构。

如四年级上册第五单元的内容重组。

组合一：麻雀 + 交流平台 + 初试身手

组合二：爬天都峰 + 交流平台 + 初试身手

组合三：习作例文 + 习作

2. 展开学习活动

每一个任务都有若干学习活动，学习任务的达成需要通过学生具体，识字与写字、阅读与鉴赏、表达与交流、梳理与探究等语文实践活动来完成。统编教材通过精读课文的思考练习、略读课文的阅读提示、语文园地中的"交流平台"和"词句段运用"等落实单元语文要素，所以单元内各板块的学习活动设计，充分利用课后助学系统、略读提示、交流平台、词句段运用。

如《麻雀》一课的学习活动。

学习活动一：课文写了几个角色，他们之间发生了一件什么事。

学习活动二：故事是按什么顺序写的，起因、经过、结果是什么。

学习活动三：作者是怎样把主要内容写清楚的。

学习活动四：完成"初试身手"，迁移运用。

（四）提供学习支架，有效推进实践活动

学习支架是依据学习任务给学生搭建合适、贴切、具有学习指导意义的"脚手架"，为学生完成学习任务提供分析、解决问题的思维方向、具体方法、策略路径，其目的是让学生高效、快速地完成学习任务。

在新课标新课程的背景下，我们到底以单元整体教学为主，还是以单篇教学为核心？王崧舟老师说："核心素养时代，我们的教学要指向学生核心素养的形成。在"大概念"的思想指导下，我们的家常课仍然应该以单篇课文教学为主，我们一篇一篇地教，学生一篇一篇地学，才能让教与学具有真实性。"

这就要研究和使用好统编教材，以教材编写的内容单元作为基本单位，以学习任务为导向，整合单元内容，创设学习情境，设计语言实践活动，提升学生的语文素养，单篇课文教学很重要，但离不开单元教学设计，离不开整体。语文教师要转变教学观念，将重心移到以学生为主的运用语言实践活动上，转移到学生语言经验积累上，通过大量的阅读、表达实践，获得语文知识和方法策略。从根本上提高语文教学的效率，激发学生学习语文的兴趣，提高学生语言运用能力。

参考文献：

［1］中华人民共和国教育部．义务教育语文课程标准（2022年版）[S]. 北京师范大学出版社，2022：2，19，20，28.

［2］王潭娟，徐鹏．义务教育语文学习任务群的结构及教学建议 [J]. 语文建设，2023（06）：10.

［3］陈思佳，盛新凤．从深度融合到走向开放 [J]. 江西教育，2023（05）：30.

第二章
教研实践与思考

　　教与研是教学的一体两面，互为依存，互补互促。教而不研则浅，研而不教则空。为了使自己的教研工作不"空"，去"空谈"化，我经常走进学校，深入课堂，课上悉心关注学生之"学"、教师之"教"，课间与老师们一起聊教学，聊学生，使教学真情景中的所"见"、所"闻"，教学真情景中呈现的学情之"象"、之"真"尽收眼底，作为课堂观察者、研究者，心随"学"动，心随"教"动，真真切切地在教学真情景中研究教学。为了亲尝教学甘苦，每学期还会亲自备几节课去上，享受课堂上与学生的互动，欣赏学生在我的引导下成长，体验驾驭教学实践的酸甜苦辣。《听课随记》《教研思考》互为呼应，记录了我在如此经历中的教研思考。

第一节　听课笔记

有孩子的地方就有学校
——走进同心县张家垣小学

山路崎岖，一会儿攀缘而上，一会儿迂回向下，一道道梯田，承载着农家满满的希望，荞麦田里一片粉红，洋芋枝叶繁茂，白色的花儿在绿叶间更加素洁。

颠簸了一个小时，我们到达了同心县张家垣学区，前来迎接的老师又带领我们前往学区管辖的张家塬小学。这个学校有教师6名，学生44人，实行包班制，每位教师包教一个年级一个班级的所有学科。每一位教师都是"杂家"，既要会教语文、数学、英语等学科，还要教科学、音乐、美术等学科。要写出所有学科的教案、教学计划、教研计划，还有班主任计划。想一想，他们从清晨进校一直到下午下班回家，几乎没有喘气的时间，幸好学生人数少，批改作业的数量不大。

在张家垣，村里大多数的村民都搬迁到政府新规划的地方了，本村有几户人家不愿意搬走，所以有孩子的地方就会有学校，教师在，学校就在，感动于老教师的坚守，这个学校才有了书声琅琅。

听了马老师执教的《题西林壁》和靳老师执教的《ａｏｅ》，前一个班有学生5人，后一个班有学生8人。如何带好只有几个学生的班级？如何教好这几个孩子？

两个堂课存在共同的问题：一言堂、填鸭式的教学，整堂课只听见老师的讲，学生就悄悄地听，没有说话的机会，没有讨论的机会，更没有自主学习的机会。教学古诗，首先要让学生熟读古诗，这节课中，老师给学生读了一遍，就开始理解诗意。老师问："有没有不懂的词？"学生不吱声，老师用课件出示诗中几个词的意思。然后让学生试着用自己的话说说前两句的意思，学生仍然不举手，于是，老师再次用课件出示诗意，显然，诗意是《教师教学用书》上的，有些句义是很绕口的，学生朗读都不是很通顺，老师也就给学生读了一遍，从学生的反应来看，他们似懂非懂。后两句也是这么教的。

2017年9月19日

教师要转变教学观念
——走进同心县下马关中心小学

张老师执教《詹天佑》第二课时，设计的内容符合第二课时的教学任务。

从课堂观察来看，教师的教学观念还比较陈旧，表现在以下几个方面。

1. 老师剥夺了学生学习的时间与权利，课堂成了老师的展示平台，是学生在配合老师的表演，教师是教学的主宰。有的老师总说，学生配合得很好或者说学生不好好配合，学习是谁的事？到底是谁配合谁？整堂课，还是学生的活动少，老师不停地讲。

2. 启发性语言不准确，学生启而不发。在教学"詹天佑设计人字形的铁路"环节时，老师启发学生说出詹天佑具有什么精神，所有的学生都说出"爱国精神"，老师还在问学生，他等待的答案是"创新精神"，可是没有学生回答得上，老师只好说出了答案。其实很简单，可以这样启发：别人想不到的，而詹天佑能想到，想别人想不到的就是创新，是老师启发性语言不准确，所以学生启而不发。

3. 老师对学生不够信任，这是一节扎实的常态课，教学抓住"杰出"和"爱国"展开思考，品读重点语段，体会关键词在表情达意方面的作用。最后设计了一个读写结合的环节，"如果你站在詹天佑的塑像前，你想对他说什么？"，可惜的是，学生写的内容是课前就已经写好的，究其原因，是老师对学生的不信任，担心他们当堂写不好。

教师要转变教学观念，转变角色，把课堂还给学生，把学习的权利还给学生，让学生在课堂上动起来，动脑、动嘴、动笔。教师发挥好自己的主导作用，为学生的学习穿针引线。

2017年9月20日

大山深处藏着美景
——走进同心县田老庄乡李家山村小学

田老庄乡李家山村小学，全校有24名学生，3位教师，麻雀虽小五脏俱全，所有学科还要开齐开足。

听了一节五年级语文课《泊船瓜洲》，让所有听课老师眼前一亮，我敢说，即便你从来没有见过这首诗，这节课下来，你一定会把这首诗背会，而且理解了诗意。老师具备一定的文化知识，课的设计思路非常清晰，每个环节进行得行云流水，课堂生成自然而又精彩。这是一首思乡的诗，当老师问孩子们还积累了哪些思乡的诗，孩子们脱口而出，还不只是一句诗，一个孩子能说出五六句，有的孩子一口气能说出唐宋八大家的名字。看得出来，这样的积累不是临时抱佛脚，偏远的农村学校有这样的教育，是孩子们的幸福，是教育的幸事。

课后与老师交流，她毕业于北方民族大学，英语专业，是参加工作一年的特岗教师，我们更惊讶了，参加工作一年的教师，教学技能如此娴熟！她告诉我们，她特别需要名师的指导，特别想把书教好，为此，她经常在电脑上学习，看别人的教学设计，听别人的课，然后给自己的学生教学。

她渴望成长，渴望进步的精神令人感动，农村教师缺少学习和成长的平台，若给他们搭建平台，他们一定会很快成长起来，有些农村教师调入县城学校工作，用不了多长时间就能成为学校的骨干力量。

教育精准扶贫调研工作，就是到教育薄弱学校，先摸底，把脉，然后开单，下药，根据学校需要，后期又送教下乡，农村教师到县、市名校学习，着重培养有理想、有信念、有上进心的年轻教师，缩短他们的成长时间，能带动身边的人，在农村学校起到引领作用，推动农村教师的专业发展、学生的全面发展、学校的管理发展！

2017年9月21日

一式两份的复制课
——走进同心县预旺中心完小

这是一所新学校，不是新成立的学校，而是由旧址搬迁到的，学校的建筑都是新的，占地100亩，校园很大，每个教室的阳面都有两个大窗户，使得宽敞的教室里更加敞亮，只是校园绿化建设才开始起步，相信一两年后，这所学校会更漂亮。

学校为我们安排了两节五年级的语文课《梅花魂》，起初我以为是同课异构，当第二节课进行到一半的时候，发现竟然是同课同构，是共同备课的结果还是一同下载，一式两份？

都是第一课时，根据教学内容可以断定，课时的划分是正确的。但是在初读课文，了解课文主要内容的时候，两个老师问了同样一个问题"课文讲了一件什么事？"不知道老师是怎么解读教材的，课文分明写了5件事情，"外祖父教我读唐诗宋词时偷偷流泪""我弄脏了墨梅图，外祖父特别生气""外祖父不能回国时呜呜地哭了""外祖父送我墨梅图""临别时，外祖父送我绣着梅花的手绢"。老师的发问有问题，所以学生总结的"一件事情"也有问题。

或者，老师可以这样问"课文主要讲了什么内容？"课后第一题就是"课文围绕梅花写了哪几方面的内容？"

两个班级的学生有个共同的特点，语言表达能力太低，学生回答问题仅仅是一个词语，是给老师提问的那句话做填空题，学生不会根据老师的提问说一句完整的话，可见，平时的教学中学生的语言训练不到位。

两个班级的老师都喜欢让学生齐读词语或课文，很少有个体朗读。其中有一个班级的学生唱读非常严重，五年级学生还在唱读。课下与老师交流的时候，老师说这个班是她本学期新接收的一个班，这不是理由，就是到一个陌生班级授课，发现学生唱读，也要立即停下来，给学生纠正，给学生教读，如果老师自己读不好，就打开电脑资源包，里面有音频和视频朗读。班级有唱读现象，就不要让学生齐读，指名朗读，当学生个体朗读没问题了，再开始齐读，那样就能读好。

不知道是因为有人听课，老师太紧张，还是平时就有的动作，其中一位老师频繁地在教室里来回走动，尤其高跟鞋的"当当"声，学生默读课文的时候，这声音愈加清脆，对学生的思维是一种干扰。老师不时地从讲台上走下来，然后又走上去，我观察了几次，她走下讲台也并没有到哪个学生跟前，学生中间也没有发生什么事情，看来是习惯性的动作。我们可以走下讲台，走向学生与他们进行互动，但是过于频繁就是对学生学习的干扰，分散他们的注意力，老师的不稳定给学生造成的影响是，学生站起来回答问题时也很慌乱，表现在还没有站稳就已经回答完毕，回答声和起立时凳子的声音混合在一起，老师和其他同学根本听不清他在说什么。

2017年9月22日

第二节　教研思考

我与教研

我是从教22年后离开学校到县教研室工作的，在学校的22年里，我热爱课堂，热爱学生，热爱语文，以窦桂梅老师的"我是教语文的，我是教人学语文的，我是用语文教人学习的"为自己的座右铭，努力做个研究型教师。

我到教研室上班是新学期快开学的时候，当时的教研室没有过多具体的工作，我已经习惯了有规律有任务的教学工作，突然闲下来极其不适应，非常失落。我对自己说，我怎么把我丢了，我迷失方向了，我后悔离开学校。直到有一天，主任带着我们去一所新建学校听课，课下与老师们交流反馈，我指出来的课堂问题以及教学建议得到老师们的高度认可，我又重新找回自己。随着进学校进课堂的日子越来越多，我深感做教研员的责任和担当。教研员是学科教学教研的排头兵、领头雁、师之师。当老师，你能教好几十个孩子，可是当教研员，你可以引领并培养一批教师，有更多的孩子受益，从此，我深深地爱上了教研工作，回顾已走过的教研之路，感悟颇多。

一、教研员要加强学习，专业素养的自我提升

我通过网络与阅读专业书籍学习学科专业知识。教研员如果不学习，不知道学科前沿信息，不掌握先进理念，怎么指导教学，尤其是与老师们一起讨论课，你的评课还不如学校老师专业，是很尴尬的事。所以，只有学习才能不断提升自己的专业素养，我给主任建议订教育杂志和报纸，购买教育专著。主任很赞成。几年来，我主动承担为教研员订杂志和购买书籍的工作。

我的枕边、书桌、茶几上都放满了书，使自己一直处于学习状态中。2022年4月，教育部颁布了义务教育阶段各学科的课程标准，我第一时间订购课程标准，课程标准解读，课程方案解读，课程标准课例解读以及对应学科的教育专著。先老师一步学习新课标，领会课标精神，以新课标理念指导教学。

二、教研员要主动参与教学实践，获得课堂教学体验

教研员的本职工作就是进学校进课堂，与老师们打成一片，共研教学。有时候坐在教室后面听课，老师讲到精彩处总能激发我走上讲台讲课的冲动，总有跃跃欲试的时刻，尤其是2017年以来，同心县所有学校依次建设录播室，先进的设备，就是不用操作，设备也会把一堂课自动录下来，羡慕不已，这是我在学校时没有的，录课的愿望十分强烈。2020年，吴忠市有一个劳动课例评比，是录像课，我选了一节三年级的《钉纽扣》，开始备课，准备道具，录微课视频，忙得不亦乐乎，可一节课录下来，时间竟然达到了一个多小时，又重新录了一遍，还是严重超时，我开始反思，站讲台20多年，竟然拿捏不了40分钟的教学时间，怎么毫无时间观念了呢？数次修改教学设计，最终，课只获得了市级一等奖，没有获得区级奖。我开始反思，三天不写手生，三天不念口生，三年不上讲台也生疏了。2020年，全区第二届创新素养优质课评比，我录了一节《狼牙山五壮士》，这次上课的感觉比《钉纽扣》好得多，用同事的话说，宝刀未老，基本功扎实，课获得了市级和区级一等奖。

2021年，基础教育精品课，我继续用《狼牙山五壮士》的设计录精品课，自我感觉良好的课被市级评选淘汰，对我无疑又是一击重锤，我甚至怀疑我真的不会讲课了吗？我只会纸上谈兵吗？我开始在教学设计、课件制作、教学理念等方面找原因，确实发现了不少问题。后来的一年里，我坚持每个学期到学校里给学生上课，研究课堂教学，对课堂生成的灵活处理、课堂提问的设计、小组合作学习内容的设计，都有深刻的思考。2022年基础教育精品课，我设计的是《杨氏之子》，这是五年级下册的一篇文言文，成绩不错，虽然没能进入部优评选，但取得了区级一等奖。

参与教学实践，参加各类评选活动，有人会说是为了评职称，我承认这样的说法，但这只是其中一方面，另一方面是对语文教学的热爱和执着。无论是哪方面，动机都是好的，我认为不矛盾不冲突，两者相互交织，相辅相成，有目标、有行动，才有提高。教研员参与教学实践，才能获得真实体验，所谓有调查才有发言权，教研员在真实情景中积累教学经验，与理论相结合，指导教学准确性更高。

三、教研员要做课题研究，引领教师专业成长

教育进入新的时代，国家"双减"政策减轻学生课业负担，减轻校外培训负担；五育并举培养学生全面发展；义务教育阶段"新课标"，在学科教学中培养学生的核心素养。随之教研员的角色也在不断地发生变化，由原先的同伴互助、不断向共同研究、专业引领转变。教研员作为学科带头人，如何有效带领学科教师开展教育教学研究，促进教师专业发展是当前教研员迫切需要解决的问题。运用课题研究来引领教师专业发展，实现教研员的角色转变，是一条很好地提高教研工作效果的途径。当前，一线教师课题研究的现状不容乐观，尤其是农村教师不知道课题是什么，更不知道怎么做课题研究。全区第六届基础教育课题，按市级部门分配的名额，同心县可以申报10项，但经过评审只有6项课题立项，都是县城教师的课题。为了让老师们学会做课题研究，我设计了同心县第一届基础教育研究课题的申报方案，门槛低，只要老师们申报都准予立项，给老师们创造练手的机会。各学校报上来的70多份申报书，从题目到内容，合格的寥寥无几，我组织县域内做课题比较有经验并取得好成绩的老师组成专家组，对70多项课题进行开题论证，每一项课题都进行面对面指导，研究的过程中跟踪指导。

教研员自己做课题研究，组织一线教师组成科研团队，带领老师们在做课题的过程中培养教科研兴趣，提高教育科研水平。教研员开展学科课题研究，是一种工作职能，更是一种科研方法和策略，教研员要从教师教学水平

的鉴定者而成为教师专业发展的促进者，必须通过课题研究来实现转变。通过开展一系列有效的课题研究活动，子课题的论证会，定期召开课题研讨学习会，组织听课、评课活动，开展课题相关论文和案例评比活动等，转变教研员的工作角色，在新课改的形势下引领教师的专业发展。

四、教研员主动开展主题教研活动，提高教师的教学水平

教研员要善于创造性地开展活动，如：课例研究、专题研究、联动教研交流、线上交流、送教下乡等教研活动形式，在活动中及时了解教师教学现状及教学水平，提高教学研究的针对性和实效性，引导和鼓励教师做研究型教师，走专业化发展。一线教师的发展主要取决于教研员在教研活动中培训、专业引领以及教师自我反思。

我越来越喜欢教研，对工作的热爱，是对生活的热爱。

农村学校低段语文课堂教学中存在的问题及教学建议

提高农村教学质量的关键是提高农村教师队伍的整体素质。教研员走进农村学校，为教师的交流学习、研讨教学提供服务，搭建平台。在听课调研的过程中，发现农村学校课堂教学中存在的问题颇多，尤其是薄弱学校和教学点。

一、朗读方式单一，"唱读"唱独角戏

在农村学校，低年级语文课堂上，缺乏朗读指导，大多数课堂上只有一种朗读方式——齐读，而且齐读时唱读比较严重。从上课前学生的"老——师——好"就开始了。有的授课教师也发现了学生的唱读，只是在口头上提醒"同学们不要唱读"，但是并不作任何指导，这样口头上的说教是不起作用的，学生根本不懂"不要唱读"是怎样的读。部分老师没有意识到学生在唱读。

个体朗读很少，个体朗读不仅能展示学生个人的朗读素养，还能暴露问题，如读破词语，拖音等，教师可以根据学生朗读出现的问题进行指导。

教师的示范朗读，听录音读都能起到示范指导的作用。低段学生，必要的时候老教师可以一句一句地教读，每个学生都会朗读了，齐读时就不会出现唱读。

二、识字方法单一，无趣无味

识字是阅读的基础，是小学第一学段的重点，也是贯穿整个义务教育阶段的重要教学内容，教学中要发挥各种识字方法的优势。但是在农村学校的低段识字教学课堂上，大部分老师只用一种方法强加灌输，就是重复教，学生跟着读，尤其是一遍又一遍地齐读，看起来教学很扎实，但能否记住老师教的每一个字的模样？识字教学方法的单一、枯燥，学生们机械地跟读，死记硬背。

每个生字都有它自有的特点，可以让学生自己说一说识字方法，可以编字谜、以旧带新，加一加、减一减、换一换，看图识字、随文识字、字族识字，还可以联系生活实际识字等。多种形式、多种方法识字，可以增加识字的趣味性，激发学生学习生字的兴趣，最主要的是让学生参与到学习中，让他们集思广益、各抒己见，学生的潜能是无限的，相信学生的识字方法一定很丰富。

三、指导书写，无关田字格

有一个奇怪的现象，老师指导低年级学生写生字不用田字格，有的老师在黑板上随手画几个田字格，但板书生字的时候不占格子，有的老师干脆直接往黑板上书写生字，而且板书得很快，也不提醒学生观察，课后的田字格被闲置起来，编者在课后生字表中编入田字格不是摆设，要发挥田字格的作用。有个老师在黑板上快速板书了几个生字后对学生说："请大家快速把这几个字写好。"速度快，还要写好，难度可不是一般大。有的课堂上，老师们不断提醒学生们把字写好，这个不是口头上说写好就能写好的，要有正确的指导方法才行。

每一个生字的书写，先和学生们一起观察生字的结构和特点，以及在田字格中的占格，然后在黑板上认认真真、一笔一画地板书示范，板书前要求每个学生都跟着老师书写，一边写一边观察笔顺，写完让学生练习几遍，这样的教学，学生不仅能把字写好，而且正确率高。学生写字的时候，老师走下讲台，对写字有困难的学生要一对一地指导，手把手地教。还要指导正确的握笔姿势和坐姿，握笔姿势不对，就算身体坐正了仍然写不好字。近年来，学生近视率居高不下，并且向低龄化发展，写字姿势不正确也是重要因素之一。只有长期坚持，学生才会养成正确的写字姿势。相反，一旦坏习惯养成，是很难纠正过来的。

四、缺少语言的训练

语言是一种技能，主要在听、说、读、写的训练中培养、提高，课堂上的语言训练处处有，只要有交流，就有语言的训练，第一学段是开启学生语言潜力的最佳时期，让学生从说一句完整的话开始。

听课的过程中不难发现，学生的回答多数是一个字或一个词，类似于做填空题。比如，老师问："你在哪儿见过这个字？"学生的回答："电视上""书上""牌子上"，应该让学生说完整、有礼貌的话："老师，我在电视上见过这个字。"

在一堂识字课上，老师教学生认读了几个生字"彩、虹、乱、蜘、蛛、压、垂"，之后为了巩固识字，检查学生们的识字情况，出示了一道练习题"我认识了（　）字，我用（　）方法记住了它，我用它组词（　）"，学生的回答就是括号内的内容，多一个字都没有。这是一个非常好的语言训练的机会，如"我认识了'彩'字，我……"还可以让学生把三个小问题连起来说一个长句子。

老师根据学生的回答自己陈述了每一个句子，自己出题自己回答，没有给学生说话的机会。这么好的语言训练的句式，可以提高学生的语言表达能力。

五、缺少课堂评价

在一所城乡接合点的学校听课，发现部分老师驾驭不了课堂，缺乏课堂管理经验，造成学生上课不专心听讲，老师站在高高的讲台上大讲，学生在座位上与同伴小讲，前后桌的学生互相打着玩。为什么在课堂上，老师讲老师的，学生干学生的，老师抓不住学生们的心？老师为什么驾驭不了课堂？

学生的朗读、回答问题，教师基本上不做评价，最多的就是"坐下"两个字，把学生的回答再重复一遍，课堂上学生很少发言，反思这种现象，这与教师的课堂评价有关。如果及时对学生的发言给予正确的、有针对性的评价，尽可能具体地指出学生的表现到底好在哪里，不足在哪里。评价的时候，目视学生，目光的交流能让学生感受到，教师对他的评价是真心的，很关注他，很欣赏他，学生很期待老师对他们的评价。学生得到鼓励与肯定了，他们就会乐于发言，积极发言。有时候评价语言可以夸张一点，如"你真是个朗读能手""好甜美的声音""你的理解能力真好"等，自然而然地，课堂就会灵动起来。

六、串讲串问，一问到底

老师是问题的生产者，一篇课文可以设计好多个问题，一问一答贯穿整堂课，老师问完了，学生答完了，课也结束了。一位老师教学《七颗钻石》这篇童话，学生对童话是非常感兴趣的，童话的内容非常浅显，学生自己就能读懂，可是在"再读课文，讨论交流"的环节，老师问了三个问题："水罐是怎样一次次发生变化的？""默读课文，用横线画出变化的句子。""为什么会发生这样的变化？"三个问题是分开完成的。课后就有一个问题"从水罐的每一次变化中你体会到了什么？"所以，借助课后思考题设计学习活动，教给学生学习的方法，先找有关段落，接着在段落中画出重点句子，然后标出关键词语，写上自己的感受。给学生足够的学习时间，把学习任务交给学生，通过自主、合作、探究来解决问题，老师是行走在学生中间的解惑者。

农村课堂教学改革任重道远，这是一条强师必由之路，兴校的必经之路。

给农村青年教师专业成长的建议

一段时间的听课活动结束，我内心是十分沉重的，因为我们听的是薄弱学校的课。教师是刚参加工作的青年教师和特岗教师，他们之中还有一部分不是师范专业院校毕业的，刚从学校毕业就进入农村学校。农村学校的师资现状，这些青年教师得不到专业上的引领，在农村又缺少学习的平台。我所看到的课堂，是缺少理念的课堂，缺少方法的课堂，所以，农村青年教师的专业成长非常重要，以下是我对农村青年教师专业成长的几点建议。

一、自我学习，自我成长

"给学生一碗水，教师必须有一桶水"，现在又有人说一桶水都不够。这仅仅是个比喻，随着时代的发展，新的教育理念层出不穷，对教师提出了更高的要求，只有不断加快学习的步伐，才能促进自己的专业成长，不同学科的教师要有相应的专业素养，教师要持续不断地学习。

当前的学习平台很多，我最早利用网络来学习，是在2009年，第一次走出学校参加培训学习，在培训会上才第一次听到窦桂梅、于永正、薛发根等名师的名字，培训回来以后，就迫不及待地在网上搜他们的视频课，听课做记录，然后模仿他们的样子给学生上课，时间长了，逐渐形成了自己的教学风格。后来，又搜索霍懋征、魏书生老师的视频课和讲座，我的自主化班级管理就是效仿魏书生老师的管理艺术，也形成了我自己的管理特色。

"国培"课堂有很多很实用的好课，如怎样做课题，怎样写科研论文；

统编教材的网络培训、国培、继续教育培训等，教师要借力互联网，认真研习"国培"、宁夏教育资源公共服务平台上的优质教育资源，严格要求自己，脚踏实地武装头脑，使自己成为一汪涓涓东流的活水。

教师要自我学习，自我成长。工作是给自己干的，不是给学校给校长干的，一个越积极越上进的老师，他的成长平台越多，获得的荣誉也越多，所以，不要总是埋头教书，成为教书匠，还要抬头看路，走专业发展的道路，做科研型教师。

自我学习，自我成长，一方面是教好学生，另一方面是发展自己。

二、研学教材，用好教材

（一）了解统编教材的编写意图

统编教材双线组元，一条线是宽泛的人文主题，一条线是明确的语文要素。

第一，双线组织单元，加强单元整合。围绕"人文主题"和"语文要素"双线组织单元，加强不同年龄段、不同层次的纵向联系，体现了由易到难，由浅入深的发展梯度。还加强了单元内部的横向联系，使各板块的内容形成合力，共同促进学生发展。

第二，强化阅读，构建阅读体系。从三年级开始，就有了略读课文，形成了"精读""略读""课外阅读"三位一体的阅读体系，精读课文、略读课文和"快乐读书吧"各自承担着不同的功能：精读课文学习方法，略读课文使用方法，"快乐读书吧"使课外阅读课程化，这样的设计使课外阅读和课内阅读有机整合起来，共同促进阅读能力的提升。

第三，重视方法指导，促进能力提升。语文园地中的"交流平台"，集中体现了学习方法的指导与运用，聚焦学习方法，围绕本单元语文要素，从学生的学习实践中提取可迁移运用的方法，总结出一些最基础、最重要的学习经验，使学生对本单元的语文要素有进一步的认识。

第四，凸显实践性，加强语言文字运用。无论是课后练习，还是语文园地，引导学生联系生活，在生活情境中运用语言文字，这是语文课程实践性的特点。

（二）关注整体，明确单元学习目标

统编教材，在单元导语中明确语文要素。单元导语分两部分内容，用几句既简短又优美的语言揭示人文主题，另一部分就是语文要素。

落实语文要素，贯穿着方法的学习与运用；在语文园地中安排《交流平台》栏目，进一步强化语文要素，梳理总结；某些单元的"词句段运用"和"习作"还引导学生实践运用本单元的学习方法；各部分内容环环相扣，相互配合，使每个单元形成一个系统。

如三年级上册第二单元，单元导语中用"金秋的阳光，洒在树叶上，洒在花瓣上，也洒在我们的心田上。"揭示本单元的人文主题"金秋时节"，语文要素是"运用多种方法理解难懂的词语；学习写日记"，四篇课文，写秋天的《古诗三首》《铺满金色巴掌的水泥道》《秋天的雨》《听听，秋的声音》，习作是写日记，这是单元语文要素之一。《语文园地》中的"交流平台"的内容"读书的时候，如遇到不理解的词语，我会这样做……"也是单元语文要素之一，是理解词语的方法的梳理总结。"词句段运用"中"你是用什么方法理解下面加点词语的意思？""你会用哪些词语来形容不同季节？"是词语的实践运用，在练习中渗透方法，培养学生方法意识。教材中的每个练习活动，往往不只是提出一个学习要求，而是引导学生运用某种方法完成学习任务，开展学习活动的过程也是方法运用的过程。整个单元的内容形成一个系统。

所以，备课一定要关注单元整体，关注单元语文要素，进行整单元教学。

（三）解读文本，明确课时目标

整单元教学从整体进入局部，文本写了什么，给学生教什么？对于年轻教师来说，可以借助于《教师教学用书》来解读。

首先，教师要读懂文本，把握主要内容，理清作者的写作思路。弄清生字的正确读音，尤其是多音字在文本中的读音，特殊生字的笔顺笔画。我听课的过程中发现，有的老师读错字音，《别饿坏了那匹马》文中的瘦削（xuē），读成瘦削（xiāo）；《爬山虎的脚》文中的爪（zhuǎ）子，读成了爪（zhǎo）子；《梅花魂》文中的低头折（zhé）节，读成了低头折（shé）节；除此之外，低段的音节拼读，声调带在韵母上，拼读。

以上这些生字的读音，《教师教学用书》里有提示。

其次，了解教学思路，划分课时内容。如三年级上册《搭船的鸟》，《教师教学用书》教学建议"先整体把握课文内容，了解'我'观察了哪些事物和场景；然后通过重点段落体会'我'观察的细致以及体会留心观察的好处；最后进行观察实践，记录观察所得"，按照这样的教学思路，可以正确地划分两个课时。

最后，用好课后思考题，设计教学目标。三年级上册每个单元的"语文要素"基本通过精读课文的课后思考题，略读课文的学习提示和语文园地的各个板块体现、落实。精读课文的教学要特别关注课后思考题，每一道题都是围绕单元语文要素出题。精读课文的课后思考练习题中包含着编者意图和教学重难点安排，教学中要用好，充分体现了课后题的教学价值。

课后思考题是落实语文要素的载体，如第七单元的语文要素是"感受课文生动的语言，积累喜欢的语句。"《大自然的声音》课后题引导学生联系生活理解描写声音的词语；《父亲、树林和鸟》课后第三题引导学生感受句子中的修饰词、叠词的使用，体会作者语言表达的特点；《带刺的朋友》课后第三题引导学生体会称呼变化中蕴含的情味。教师解读教材时，要准确把握每个单元的练习系统是如何成为落实语文要素的载体。

课后思考题也是制定教学目标的依据。它分解着单元的语文要素，一篇课文的教学目标由学段一般性的目标、单元重点目标和本课个性化目标组成。教师要研究教材，明确课后题与单元语文要素的关系。

课后思考题是设计学习活动的抓手。如《海滨小城》课后三道思考题，教学这一课，可以依据课后题设计学习活动：

活动一：借助第一题"初步把握课文内容"；

活动二：依据第二题"借助关键语句理解一段话的意思"；

活动三：借助第三题"指导学生摘抄写得好的句子"。

解读文本应该经历"读者、教者、学生"三种身份。如果每读一个文本，教师都经历这三重角色，阅读教学会更符合普通读者的阅读习惯，也更能体现儿童立场。

三、研习教法，落实目标

"教无定法，贵在得法"意思是适合自己的方法就是最好的方法，对于青年教师，缺乏教学经验，也没有掌握好的教学方法，更没有寻得适合自己的教学方式。怎么办呢？就踏踏实实地从语文的字、词、句、段、篇教起。

（一）生字词教学

每一篇精读课文都有两类生字，一类是要求认会，一类要求认会写会，教学时认、写分开。

"认会"的生字可以多种方法，放在语境中，在阅读的过程中读准字音；也可以集中识记，归类识字等。

"认会写会"的生字，低年级培养良好的写字习惯，有正确的坐姿和执笔姿势，生字逐个指导书写，懂得田字格占位，掌握笔顺规则，如从上到下，先横后竖；从左到右，先撇后捺等。从中年级开始，学生已经掌握了一些基本笔画，教师主要指导比较难写的生字，先观察后书写，要求书写正确、端正规范，仍然培养良好的写字习惯，有正确的坐姿和执笔姿势。

词语理解应放在语言环境中，联系上下文理解；结合生活积累，结合自己的生活经验；体会关键词句在表情达意上的作用。高年级还可以推想文中有关词句的意思，辨别词语的感情色彩和表达效果。

（二）主问题教学

理解课文内容，破解重难点，可以参考课后题和单元语文要素设计一两个主问题，能牵一发而动全身的问题，主问题下可以延伸几个子问题，如三年级上册《富饶的西沙群岛》课后题"说说从哪些地方可以看出西沙群岛风景优美，物产丰富？"四年级下册《白鹅》课后题"我们来交流一下，课文中的白鹅有哪些特点，作者是怎样具体描述这些特点的？"

首先，给学生充分的自主学习时间，教学习方法，找到有关段落，圈关键词，画关键句，做批注，先从理解词句开始，接着理解段，最后理解整篇课文。其次，小组合作交流。最后，集体汇报交流。

整个理解过程朗读贯穿始终，以读促悟，以读促讲。

从三年级开始有了略读课文，略读课文的主问题在"阅读提示"中，略读课文与精读课文的教学方法不同，学生根据阅读提示自主学习，学习方法就是从精读课文习得的。

三年级上册首篇略读课文后面的问题小泡泡提示"略读课文可以读得粗略一些，了解课文大意就行""如果有个别不认识、不理解的词语，也没关系"。所以，略读课文不要采用精细分析课文，要抓大放小，有所侧重，生字认会就行，词语大致理解即可，不必细究；以默读为主，不进行有感情的朗读指导，写得好的地方可以读一读。

四、提升专业素养，修炼个人魅力

（一）每一位语文教师都是朗读者、书法家、情感专家

吐字清楚，字正腔圆，抑扬顿挫；有一笔漂亮的粉笔字，学生会情不自禁地模仿；以情激情，点燃学生思想的火花。

（二）教学方法鲜活、新颖、有趣

课堂上要有鲜活的思想，活跃的气氛，有趣的实践。课中备课，及时捕捉课堂生成资源，顺势引导；语言幽默，不死板，给学生创造轻松愉悦的学习氛围；教学方法不要千篇一律，腻味了学生的听觉、视觉、味觉。学生是自由的、灵动的、愉悦的。

（三）课堂教学，注重学生的发展

不要克扣学生的学习时间，不要剥夺学生的话语权。让学生多读、多说、多写、多练，鼓励创造，给学生插上飞翔的翅膀。

提高农村教师教研能力的实践探索

城乡教育差距主要表现在教师教研能力的差距。2016年之前，同心县农村学校师资力量薄弱，特别是教学点地处偏远，教师人数补给不足。留守在学校的教师年龄偏高，没有了学习的精力与热情。中心学校虽然有年轻教师的补给，但是小规模学校里，学校教师人数较少，尤其是同学科教师，开展教学教研难度较大，外出培训困难重重，大部分教师教研能力弱，自我发展意识差，教学水平得不到提高，造成了农村学校教学质量的滞后。

2016年，教育厅教研室为提高乡村学校及移民地区学校的教学质量，促进乡村学校及移民地区学校的发展，开展乡村学校及移民地区学校教研基地建设，同心县借此东风，顺势建立了自治区、市、县、片区、学校五级教研网络。几年来，通过各级各类不同形式的线上线下教研活动，使同心县农村教师如沐春风，积极投入学习，认真钻研，教学水平有了明显提升。下面从五个方面谈谈同心县提高农村教研能力的实践探索。

一、借助校本教研提升教师学科教学素养

校本教研以教师专业发展为目标，要与教师业务培训相结合，解决本校教师教学中切实存在的问题，以此来提升教师的学科教学素养。

（一）以小课题研究营造教研氛围

小课题研究，有利于教师提高自身的学科素养、教学技能。农村小规模的学校里，同学科教师数量不足，教研能力较弱，但是相同学科教师的共同话题较多，从教学中的共性问题出发，确定一个小课题，形成办公室话题，彼此讨论、交流学习非常方便，以聊天促教研，及时解决教学中出现的问题，掌握不同学段知识点的衔接，掌握各学段的教学梯度，小课题研究营造了浓厚的教研氛围。

（二）以教研沙龙激发教研兴趣

在小课题研究中开展教研沙龙活动，给老师们创造研讨机会。每位教师都积极准备、积极思考、积极参与，教师对反思自己的教学就有了新的切入点，从大家的交流中集思广益，取长补短。教研沙龙具有实际意义，老师们先进行自我学习，没有自我学习的前提就没有集体交流的展示，在互动中，激发教研兴趣，促进教研水平的提升。

（三）以教学大练兵练就扎实基本功

每学期定期开展观课议课的教学活动，全员参与。先让有经验的老师上示范课，在观课议课的过程中先让年轻教师学习，再让年轻教师上汇报课，安排教学案例分析会，教师把自己在课堂教学中的所做、所想、所感、所思讲出来，大家一起享受经验，改进不足，解决问题。在活动中，每位教师获得了展示、交流、学习的机会，是思维和智慧的集合与碰撞，教学基本功在观课议课中不断锤炼。

二、借助联片教研提升教师专业素养

区域内学校合作开展联片教研，由一校承办，多校协作。整合学校可利用的各项资源，加强校际之间、教师之间的联系，实现了资源共享、优势互补。

（一）课例观摩，"联片"学习

开展有效课堂教学，开展同课异构、异课同构、同课同构、单元教学等活动。课前集体备课，课后议课。邀请县城骨干教师、名师评课，给农村教师展示评课范例，让农村教师从中知不足，学习新理念、新教法，学会观课议课，包片教研员深入指导，帮助农村教师快速成长。

（二）主题论坛，"联片"教研

建立"互联网+教研"背景下的片区主题论坛，老师们可分享教育观点，教学经验等。在课堂教学、校本研训、课题研究等方面开展点多面广的合作。充分发挥联片教研的整体优势，加强片区内学校间的深度合作，营造浓厚的教研氛围。可以提高教师对课堂教学和集体教研活动的认识，激发教师提高自身综合能力和素质的热情，达到了理想的活动目的。

（三）竞技比赛，"联片"提升

区域内学校相互协商，以教师的发展为目的，确定主题，根据主题设计内容，组织竞赛活动，激发教师的学习热情。借吴忠市教研室《关于举办全市小学语文教师素养大赛》（2019）精神，推进同心县中小学教师专业素养的提升，开展了《"互联网＋创新素养"背景下全县中小学教师素养大赛》，农村学校积极响应，组织教师全员参与，校内开展初赛，选拔教师参加区域竞赛，优胜者参加全县决赛。从准备到参赛，从学校到区域，从区域到县城，参赛的过程就是学习的过程、进步的过程、成长的过程，每位教师都经历了数次的历练，全方位提升教师的综合素养。

（四）一校带多校，"联片"发展

借"互联网＋教育"示范区建设东风，发挥区域内学校优质学科资源，通过在线互动课堂、专递课堂，承担"1拖N"教学与培训，解决其他学校薄弱学科教学以及教师课堂教学技能培训，使片区同学科教师学科素养共同成长，教学水平共同提高。

联片教研，或观课议课研教法，或聚焦主题深研讨，或集体备课求互补，或诊断学情寻起点。

三、借助城乡结对，帮扶农村教师专业成长

县教研室根据农村各学校实际情况，将其与县城各学校以"一强一弱"结成帮扶伙伴。通过多种形式的帮扶活动帮助农村教师成长。

（一）县域内城乡结对帮教

为推进同心县城乡义务教育均衡发展，缩小城乡学校间的差距。同心县城乡学校结对帮扶、协作共进已经成长效机制，县城初中与乡镇初中，县城优质小学与中心学校及中心学校辖区内学校，制定帮扶制度，签订帮扶协议，让"教培师徒对""教学师徒对""科研师徒对"等精准对接，并在"互联网＋教育"及创新素养教育背景下开展有效的工作。

（二）跨县域城乡结对帮扶

同心县东部三所乡镇初级中学、六个中心学校下辖所有小学与吴忠市区优质学校结成12对结对帮扶，协作共进学校。吴忠市优质学校每学期都会定期送教送研，对同心县农村教师进行专项培训，并派优秀教师到农村学校支教，引领农村教师成长。被帮扶学校根据本校实际需求向帮扶学校下订单，也可以派教师到优质学校跟岗学习。

四、借助"名师优课"活动，助推农村教师专业成长

"名师优课"活动为农村教师搭建了一个更加广阔的学习平台，学校以此为契机，以备课、磨课等系列活动夯实教师的教学基本功。

（一）组织全员晒课练精兵

把"名师优课"活动纳入校本培训，把晒课与课堂教学大练兵相结合，要求人人参与晒课。教研室将各校"晒课节数""晒课参与教师人数"两项指标纳入对学校的考核。组织教师认真学习"优课"评价标准。对教师提出差别化要求：对于老教师，不求创优课，力求教学有长进；对于年轻教师、特岗教师，以争创优课为终极目标，力求专业有发展。通过自主备课、集体备课、磨课，学习教学理念，掌握教学技能，提高教学能力。

（二）培养学科骨干强队伍

通过"名师优课"活动，为农村学校培养学科骨干教师，对于晒课活动中涌现出来的积极性高、勤学好学的教师，学校重点培养，为农村教师培养学科带头人。

县教研室组织县城往届获"部优"课教师送课下乡，与农村骨干教师培养对象同课异构、同课同构，找差距，两方教师师徒结对，线上线下常交流，形成"一对一"随时随地培训模式。让一部分人先"富"起来，在"致富"道路上，引领、带动其他教师一起行走，以身边的优秀教师为榜样，你追我赶，学习劲头更足，营造出齐头并进的学习氛围。

（三）掌握信息技术促融合

义务教育均衡发展，使农村学校拥有了先进的现代化教学设备，虽然"武器"先进，但操作技术一般。按"优课"评价标准，学科教学要与信息技术深度融合，所以，提高教师的信息技术应用能力是关键，熟练使用鸿合、希沃白板、教学助手，充分发挥信息技术的优势，为教学服务，从而提高课堂教学效率。

五、借城乡联动教研，拓宽教师成长平台

2019年，教育厅下发《宁夏中小学城乡联动教学教研行动计划》，并在全区开展了丰富多彩的联动教研活动，同心县派出教研基地学校领导及教师观摩学习，随后开展《同心县城乡"互联网＋教育"在线课堂观摩研讨活动》，开辟提高同心县农村教师教研能力的新途径。

（一）城乡帮扶学校之间的"联动"

从被帮扶学校的实际需求和教师的实际需求出发，充分发挥"帮校"优质资源，开展"月测质量分析""公开课观摩、研讨""架研讨之线，谱教研新曲"等主题研讨活动。各帮扶学校借助互联网共话教育教学之棘手问题，同探教育教学新思路。大家在交流中学人之长，补己之短，教学思想在碰撞中逐步走向成熟，营造出了浓厚的研讨氛围。

同心县第二小学教育集团与韦州旧庄完小、下马关张家树小学、马高庄何渠小学、田老庄李家山教学点四所乡镇学校在线研讨"月测质量分析"，二小教师从"效率＋习惯＋专注"三个方面做了交流，分析客观、全面，直面问题。他们的教育思想与教学理念，生动的教育教学案例触动心灵，启迪着老师们的思维与智慧，为被帮扶学校教师做了很好的示范与引领。

（二）县域内学校之间的"联动"

开展县域内城乡联动教学，发挥县城优质学校优质资源，解决农村薄弱学校薄弱学科开不齐开不足开不好的短板问题。通过线上线下联动，培训农村教师课堂教学能力，达到了"学生共进""教师共进"的活动效果。

县城思源实验小学与下马关新缘小学、丁塘杨家河湾小学开展了主题为"线上互动抓提升，城乡合作促共赢"的联动教研，通过"1拖2"的形式，在线互动展示课例，双方教师线下合作备课，线上协作做课，使优质资源起到引领、示范作用。

（三）跨县域学校之间的"联动"

吴忠市教研室指导下的"盐同红"教研共同体，帮教帮研已三年。例如，吴忠市利通区金鸡镇中心学校及吴忠市第十一教研共同体与预旺中心学校的联动教研就是一个典型的例子，跨县域学校间的联动教研，链接山川，融合发展，在"学生共进、教师共进、学校共进"的美好蓝图引领下，携手共进，不断预约精彩，越走路越宽，越走景愈明。

城乡联动教研，老师们借助互联网在同一时空下展开交流，缩小了城乡之间的物理距离，打破了教师的固有思维。以城带乡，以强带弱，提高农村教师的教研能力，带动农村教育的发展。

农村教师的教研能力决定着教学能力，教学能力决定着学校的教学质量，培养一个农村孩子，带动一个家庭的发展。所以，提高农村教师的教研能力具有战略意义，应该得到各级各部门的高度重视。

第三章
课题研究实践

10年间，我主持了四项课题研究，都结了题，获了奖，其中三项课题是关于语文教学方面的，有日记教学的、习作教学的、单元整体教学的。课题成果激励我不断在课题研究之路上持续向前，在课题研究中实现着自我成长，亲身体验告诉我，课题研究过程很艰辛，但乐在其中。课题研究让我的教学研究转入了升级版，课题研究一步一步推着我前进，催着我成长！实践是最好的老师，一来二去，我也积累了一些做课题的经验，我用自己积累的课题研究经验，开始指导一线教师做课题研究。教学相长，与老师们共同成长，在这样艰辛而快乐的专业攀登中，我收获了课题研究的快乐，积淀了课题研究的经验，与教师们一起分享心得，共同成长，赠人玫瑰，手留余香。

第一节 全区第三届基础教育教学课题研究

《小学生"快乐习作"的实践研究》研究报告

一、问题的提出

当前小学习作教学存在着许多问题，应试教育的习作内容假、大、空，主观意志命题作文脱离学生生活实际，阅读教学与写作有些脱节，听说读写结合不紧密。一切只服务于考试，而不是语文素养的形成。

《义务教育语文课程标准（2011版）》（以下简称《课标》）中明确提出"以生为本，尊重学生独特体验，张扬学生个性""学生易于动笔，乐于表达"的课程理念。《课标》将原来的"作文"称为"习作"，习作是运用书面语言进行表达和交流的重要方式，是认识世界，认识自我，进行创造性表述的过程。《课标》在阶段目标、教学建议、评价方式中都特别强调要鼓励学生有个性地自由表达，减少对习作的种种束缚，在习作中培养学生的创新精神。《课标》在总目标中对写作提出要求："能具体明确，文从字顺地表述自己的意思。能根据日常生活需要，运用常用的表达方式写作。"可见，让学生在愉悦、快乐的氛围中快快乐乐地习作。"快乐习作"的理念是在《课标》改革背景下提出的，因此"快乐习作"始终贯彻"自主、合作、探究"的课改精神。学生始终是"快乐习作"的主体，他们在"快乐习作"的课堂上，积极主动地参与、评价、写作。

二、研究的意义

"快乐习作"探索出习作教学的最佳模式，教师为学生提供广阔的写作空间，减少对写作的束缚，鼓励自由表达和有创意的表达。激发学生对生活的热爱，调动学生观察思考和练笔的积极性，引导学生写熟悉的事物，做到说真话、表达真情实感。通过习作，提高学生的语言文字运用能力，提高语文素养。

三、研究的目标

第一，通过研究，学生习作能从被动、依赖走向主动和独立，逐渐培养习作兴趣。

第二，通过研究，拓宽渠道让学生学会观察生活，积累习作素材，能不拘形式地自由表达生活中的见闻、感受，提高习作能力。

第三，通过研究，丰富学生的体验，使他们乐于习作、善于习作、勤于习作，提升语文素养。

第四，通过研究，提高教师的习作教学能力和科研水平。

四、研究的内容、方法及研究的过程

（一）研究内容

1. 培养学生乐于习作，善于习作，勤于习作的兴趣。

2. 鼓励学生参与生活化习作、活动化习作、自主化习作、体验性习作的实践，丰富习作内容，创新习作方式，积累习作素材。

3. 开展多种教学活动，拓展习作渠道，提高学生习作能力。

（二）研究方法

1. 文献法

课题组成员认真阅读与课题相关的教育专著和理论书籍，在学习过程中做好读书笔记，夯实自己在课题研究领域内的理论基础。通过对国内有关习作研究文献的收集和研究，使课题研究的内涵和外延更丰富、更明确、更科学。争取在现有研究水平的基础上提高和突破。

2. 反思归纳法

结合自己在研究过程中出现的问题，及时进行深刻的反思和总结，探寻有效的研究方式。

3. 行动研究法

在教与学的过程中，实践、探索、检验、完善同步，把研究与实践紧密结合起来；探索出提高作文教学的有效策略和方法，积累丰富的实践经验。

（三）研究过程

1. 建立健全制度，保证研究活动

成立课题研究领导小组，三到六年级每个年级承担一个子课题，分工明确，以确保课题的顺利开展与实施。建立学习制度，每月一次理论学习与专题教研活动。以一个学期为一个小阶段，每位成员每个阶段设计一份习作教学设计，上一节习作汇报展示课，全员参与评课活动。每阶段末进行经验交流，汇报成功点和研究困惑。以教学论文、教学随笔的形式展示研究成果。

2. 自主学习和专业培训学习

深入学习《课标》，了解领悟关于习作的所有内容，明确研究方向，通过横向、纵向对比，熟知学段教学目标和教学评价。阅读名家专著和学科杂志，丰富教师的学科知识，提高研究水平；同时采取多种渠道学习，如自主学习、网络学习、集中学习。在网络上看名家作文视频课，例如，薛法根老师的作文指导课《我最喜爱的一句话》，窦桂梅老师的绘本课《我的爸爸》，张赛琴老师的作文指导课《抢橡皮》，管建刚老师的作文指导课《一件成功的事》和专题讲座《我的作文教学改革》，"快乐作文"的研究者李白坚老师的作文指导课与讲座《快乐大作文》等。通过学习尝试新教法，探索新模式，为在实际教学工作中实施"快乐习作"教学积累丰富的实践经验。

3. 开展习作的研讨课活动

每个阶段每个子课题组选派一名教师上作文研讨课，相互切磋，共赢互惠。其中，六年级组的王燕老师执教的《难忘的小学生活》，王老师用照相机记录下了学生三年成长中的点点滴滴，课堂上，一一回放给学生，勾起了他们对往事的美好回忆。一石激起千层浪，打开了学生的话匣子，文字一时流淌于笔尖。五年级丁霞老师执教的《魅力中秋》，课堂上并没有让学生先写作文，而是朗诵诗词、闻月饼、送月饼、尝月饼，学生在生生互动与师生互动中快乐无比，整个课堂以"月饼"为主线，每一个环节都激起学生极大的兴致。最后让孩子们谈"我最感兴趣的是……""最有趣的是……""最搞笑的是……"学生畅所欲言。下课了，学生还意犹未尽，他们满脸的快乐，没有表现出任何因为写作文而发愁的表情来。

4.开展小专题教研活动

课题研究的两年多时间里，开展了15次小专题教研活动。以年级组为单位，根据本年级研究的子课题确定教研主题，进行专题教研。专题活动中，教师们介绍各自在课题实践中的成功做法以及存在的问题，再与其他老师相互交流，共同学习，取长补短。

五、目标的达成

（一）多种教学活动营造"快乐习作"氛围

1.组建习作兴趣小组，培养习作兴趣

为了更好地开展课题研究，促进学生快乐读书、快乐习作、快乐成长，培养学生的习作兴趣，发展学生的个性特长，真正提高他们的习作水平，提升语文素养，组建了习作兴趣小组。以培养学生对习作的自信心，丰富学生生活，陶冶学生情操为重点，激发学生的创新精神和培养学生的实践能力。

2.鼓励投稿，激发习作兴趣

把学生的优秀习作向报社投稿，并将发表的作品剪辑在一起，制作成作文集，命名为《我的作文发表了》，大部分班级都有这样的作文集，用以鼓励学生自主习作，体验成功带来的愉悦。两年来，学生在《吴忠日报》《小龙人报》等省内外报纸上发表作文百余篇。学生感受到了成功的乐趣，收获了习作的动力，大大激发了他们习作的兴趣。

3.组织作文竞赛活动，以赛促写

为了激发学生习作兴趣，提高习作水平，学校每阶段都要组织一次作文竞赛活动，《我真＿＿＿》《一次的经历》《记一次活动》等命题、半命题作文，增加作文的趣味性，调动学生参赛的热情，促进师生在课题研究中成长。

4.	"办报出书"积累习作素材

定期办名言警句小报、成语小报、歇后语小报、春风小报等，将学生每期的手抄报收集整理装订"出书"，和图书一起供同学们借阅，让学生享受"出书"的乐趣。"办报出书"的过程是学习的过程，积累语言，丰富体验，为习作积累了一大笔素材。

5.	用剪贴书丰富习作素材库

鼓励学生做剪贴书。学生读过的报纸不易保存，可以找一本旧杂志作为剪贴本。将一些好的文字作品、插图等碎片化的内容剪辑分类，形成素材库。剪辑的资料内容丰富多彩，优胜者的剪贴本在全班进行展出，学生之间相互交流、欣赏、学习。

6.	汇编优秀作文集，收获习作快乐

每个阶段出两期作文集，把学生在日记、习作中的优秀习作编辑成"太阳花作文集""小小作家作文集"，由学生自己采稿、编辑内容、设计封面、编辑目录，打印装订成册，学生因为作文获得快乐。把作文集放在班级图书架上，与图书一起供大家借阅，好的作文可在学生中起榜样的力量，供他们在阅读的过程中取长补短。

7.	以校刊为展示平台，呵护习作积极性

在学校校刊中设有课题专栏，定期刊登名家的教学理念与经验，供教师学习。并借助校刊这个平台为学生开辟一块习作自留地，学生的优秀习作也可向校刊投稿，更大程度地呵护学生的习作积极性。

（二）促进教师教育观念的更新，增强教师的科研意识

通过研究，促进教师教育观念的更新，增强教师的科研意识，探索出适合学情的教学模式，总结出有效经验，撰写与课题有关的论文，形成论文及优秀教案集。

1.	教师思想认识上的改变

通过课题研究，教师在思想上有了正确认识，学生是写作的主体，应该让学生融入自然生活，积累写作素材，鼓励学生到自然中、生活中"找"作文，

重视学生的生活体验，尊重学生的独特体验，张扬学生个性。改变教学方法，转变教学观念。

2. 教师教学行为的改变

教师对本课题的研究产生了极大的兴趣，纷纷投入到实践研究当中，为学生开发练笔资源，创新习作方式，达到培养学生习作兴趣的目的。

（1）为学生开发丰富多彩的练笔资源，激活了学生的思维，调动了学生的语言积极性，激发了表达欲望，解决了学生"写什么"的问题。

（2）把快乐的游戏引进课堂

好动贪玩是儿童的年龄特征，抓住这一特征，把游戏引进作文课堂，让学生在玩中说，玩后写。在课堂上先做游戏，用以激起孩子的表达情绪，然后请他写下这段游戏以及做这段游戏时所产生的情感，给学生提供写作内容，减少对作文的排斥，让学生喜欢作文。生活也有了，情感也有了，倘若这样的"游戏＋作文"做得多了，要他们写点什么应该不是太困难的事了。

（3）为学生创设了丰富多彩的习作形式

用日记建立习作素材库，培养学生写日记的习惯，他们乐于把自己身边的所见、所闻、所思、所想写下来，为习作积累了丰富的素材。

用周记优化习作素材，每个学生有一个漂亮的周记本，周记素材来源是一周内日记中最得意的一篇；对一周内学习生活的总结；一周内感受最深的事……一个学年写一本周记，从三年级开始到毕业，应该有四本，它是小学生活的缩影，记录学生成长的点点滴滴。

用接龙日记培养写的习惯，以一个小组为单位，共同拥有一本日记本，组员每天轮流写一篇日记，轮流写的过程又是一个相互交流、相互学习的过程，形成写的良好习惯。

用组内作文集调动习作积极性，每个小组都有一个精美的大本子，作为组内作文集，平时谁有优秀的作文可以"发表"到作文集上，几个组比赛，看哪个组"发表"的作文最多，这大大激发了学生写作文的兴趣。

用班级日记激发学生写的欲望，各班的班级日记名称各不相同，有《咱班那些事》《五（2）班的故事》《班级故事联播》，每天一人，轮流写，学生都抢着写，抢不上就开始预约写的时间。

用班级作文集让学生体验成功的滋味，单元教材习作中获得满分的作文抄写在教师设计好的作文纸上，然后装订成作文集，这是学生习作的最高成就，让学生体验成功带来的快乐与幸福。

3.研究的过程中，教师边做边反思边总结，及时做记录，形成随笔、案例、教学设计、论文。每个年级根据本年级研究的子课题内容，积累了丰富的教学经验，创新了习作教学方式，汇编了《优秀论文集》《习作教学随笔》《习作教学设计》《阶段研究总结》。

（三）改变学生畏惧作文的现象，对习作产生兴趣，提高习作水平

1.学生的习作态度在改变

通过研究，学生不再排斥习作，习作从被动、依赖走向主动和积极，写作兴趣和能力得到明显提高。由原来的"要我写"转变为"我要写"，"写"成为学生的一种生活习惯和生活方式。

2.学生的习作表现

学生学会观察生活，积累习作素材，能不拘形式地自由表达在生活中的见闻、感受和想象。能感受到习作的过程是一个享受快乐的过程，真正达到乐于习作、善于习作、勤于习作。

3.学生的收获

学生对习作产生了比较浓厚的兴趣，能乐于表达，易于动笔。学生发表近一百多篇作品，文字由手写体转换为印刷体，对于学生来说，是一场"写"的革命，其中饱含了学生多少幸福。每个班都有班级作文集、组内日记、班级日记，是一个集体的故事。每个学生都有自己的独著，一本本日记承载了他们童年的美好记忆，是自己的成长史。

（四）对教学质量的促进作用

习作教学所取得的优秀成绩调动了教师的工作热情，同时促进了语文教学质量的提升。实践研究中，重视基础知识与基本技能的落实，注重学生语

言的发展，积累丰富的词汇，在运用中内化，提高了学生的语文素养。由此，教学质量不断提升，语文教学成绩在全县名列前茅。

（五）促进了"科研兴校"的教学管理理念

本课题研究取得了较好成效，对其他学科教师开展课题研究具有示范启发、引领作用。学校教育科研气氛浓厚，把教学与科研紧密地联系起来，"科研促教、科研兴校"管理模式逐步形成。

六、实践反思

一分耕耘，几分收获。两年的研究取得了优异的成绩，成绩的背后，是老师们不懈地努力，一丝不苟的工作态度，勇于创新的工作精神。

（一）课题研究要以学生为本

学生是写作的主体，应该让学生融入自然生活，积累写作素材，鼓励学生到自然中、生活中、梦想中"找"作文。让学生明白：作文就在身边，在大自然中，在梦想中，在每个人的喜怒哀乐中。教师不要给学生的作文条条框框地束缚，写自己想要说的话，想要叙的事，想要抒的情，想要写的景；不要以教师的水平评价学生的习作。

（二）课题研究工作要求真务实

科研不是一句口号，更不是一种时髦，研究的过程中，一切工作都要落到实处。每一个细节都要一丝不苟，发现问题，及时分析原因，及时解决问题，课题研究一定是真做、实做、做好、做实。

（三）课题研究工作贵在坚持

要想让学生喜欢上习作，不是一件容易的事，提高学生的习作水平，更不容易。在研究的过程中，可能会取得一些欣喜的成果，如果就此认为已经成功了，那就错了，一定要及时总结，取得更大的成绩；有时候实践工作不尽如人意，改变学生的习作现状，不是一节研讨课、一个活动所能解决的事，贵在持之以恒。

（四）课题研究过程要有痕迹

研究的过程中做了大量的工作，如课堂上师生的生成，为学生的习作创设的情境等，应该及时记录下来，形成文本，为写论文、写教学案例积累素材，为改进教学方法积累经验。

（五）研究工作要有自己的思路

在一定的阶段内，要研究什么内容，工作重点是什么，要取得什么样的结果，要有明确思路，不能走一步算一步，像无头苍蝇，那样会碰壁的，会一无所获。

问题就是课题，不怕教学工作中存在问题，关键是要善于发现问题，勇于解决问题，埋头教书则是教书匠，抬头看路，做研究型教师，才是真正的教育者。《小学生"快乐习作"的实践研究》改变学生畏惧作文的现象，成为语言文字的传承者，常常沉浸在成功的喜悦之中；改变了教师的教育观念、教学方式，不再为怎样教作文而发愁。通过两年多的实践研究，所取得的结果与预设结果相比较，还有一些差距，课题的研究虽然接近尾声，但它不是结束，而是开始。"快乐习作"的研究意义非凡，研究成果值得推广。

参考文献：

［1］李白坚.作文游戏活动的几个问题[J].语文教学通讯，2007.8.2.

［2］张赛琴.快乐的快乐在习惯里[J].小学语文教学，2014.4.18.

［3］李白坚.新体验作文[M].南京大学出版社，2006

［4］中华人民共和国教育部.义务教育语文课程标准（2011年版）[S].北京师范大学出版社，2011.

［5］小学语文教学.2011—2013年所有期刊。

［6］语文课程标准.人民教育出版社。

［7］管建刚.我的作文教学主张.福建教育出版社。

［8］《21世纪，我们怎样教作文》。

［9］《小学生自主"快乐大作文"阶梯练习》。

［10］《小学语文教学法》。

第二节　宁夏百所标准化学校课题研究

《学生视角下培养学生日记写作兴趣的策略研究》研究报告

一、问题的提出与研究意义

（一）研究背景

本研究主要源于一线教师在教学中发现的问题：学生谈作文色变，谈日记无趣。写作能力决定着语文能力，若要提高学生的习作能力，日记起关键作用。全国特级教师魏书生平时很少布置作业，但他的学生作文却写得很好，问其原因，魏书生说："那就是多写日记的功劳。"的确，日记和作文有相似之处，就是"我手写我心，我手写我见，我手写我……"用"我"手中的笔记录"我"的生活应该是一件很自然很正常的事情。然而，对于大多数小学生而言，并不喜欢写日记，很排斥。究其原因，是教师对学生日记的种种要求所致，要求有篇幅、有谋篇布局、有字词的推敲等，规矩太多，任务太重，给学生心理上造成了很大的负担。所以，通过《学生视角下培养学生日记写作兴趣的策略研究》意在探寻，如何减轻学生写日记的负担，让日记成为生活习惯，成为学生的"聊天室"，然后上升为一种能力，一种品质，一种素养。

（二）研究目标

1. 学生方面

走出写日记的困境，在一种轻松愉悦的状态下写日记，并养成良好的写日记的习惯，为提升语文素养奠定坚实的基础。

2. 教师方面

学会解读学生，了解童心，时刻站在学生的角度，规范自己的教学行为，满足学情需求，不断提高自己的科研能力。

3. 家长方面

家校合作，共同做好孩子写日记的习惯和品质的培养。

（三）研究意义

《义务教育语文课程标准（2011版）》（以下简称《课标》）指出："写作是运用语言文字进行表达和交流的重要方式，是认识世界、认识自我、进行创造性表述的过程……写作教学应贴近学生实际，让学生易于动笔，乐于表达，应引导学生关注现实，热爱生活，表达真情实感。"虽然对日记没有明确要求，但它所提出的具体要求的内涵与日记是一致的。如第一学段的"写话"要求学生"对写话有兴趣，写自己想说的话，写想象中的事物，写出自己对周围事物的认识和感想。"第二学段要求学生"留心周围事物，乐于书面表达，增强习作的自信心。""能不拘形式地写下见闻、感受和想象，注意表现自己觉得新奇有趣的或印象最深、最受感动的内容。"这样的习作要求只有日记这种体裁才能做到。日记又是习作的基础，更是学生记录生活、抒发感情的一种方式。第三学段要求学生"懂得写作是为了自我表达和与人交流。""养成留心观察周围事物的习惯，有意识地丰富自己的见闻，珍视个人的独特感受，积累习作素材。"这样做，充分体现了《课标》的习作教学的思想——外在的形式并不重要，重要的是要激发学生写作的兴趣。

写日记，尤其是坚持写日记，能养成一种良好的写作习惯，让学生在写作中获得愉悦、感受成功，带给学生全新的作文体验。日记是学生写好作文的基础，也是学好语文的基础，培养学生热爱生活、观察生活的良好习惯。因此，日记教学在语文教学中占据着不可替代的位置。

二、文献综述与概念界定

（一）国内研究

教育家魏书生将日记比作"道德长跑"，积极鼓励学生在日记中规劝自己，吐露心声。只要长期写下去，就能不知不觉地起到求真、求实，引人向善，教人崇尚文明的作用。特级教师薛法根提出"课内素描作文、课外循环日记"

双轨运行的作文教学思路。在日记教学上形成特色的还有贾志敏等名师。

在中国期刊全文数据库（中国知网）中，关于小学日记教学的成果较多。孙理群的《培养小学生日记写作兴趣的策略研究》（《语言文学研究》2010年8月号中旬刊），他分析了小学生日记写作现状，学生不喜欢写日记，有来自教师和家长的诸多因素，提出了培养日记写作兴趣的策略，改变传统的日记写作衡量标准；注重创设情景，激发小学生的学习兴趣，帮助小学生捕捉内心的感受；注重教师的有效指导；以欣赏的态度对待小学生的所有日记。邱艳红的《小学生日记的阶梯式指导》《小学时代·教师》〔2010年第1期（总第14期）〕从低年级的写话日记、中年级的百字日记、高年级的个性日记三个方面谈了对日记的指导方法。

查阅他们的研究成果，从中汲取经验，开发本课题的研究工具，在研究中能取得理想的成绩。

（二）概念界定

1.学生视角

学生已经有的经验，学生的思想、学生的内心需求等，学生的经验、思维方式与成人不同，所以儿童与成人的视角也不一样。

2.日记

从字面上看，就是一日一记，把自己每天所看到的、听到的、想到的事或观察的东西写下来的记录。日记分为生活日记、观察日记、学习日记等，也可分为心情日记、自然日记。

3.日记写作中的"日记"

与一般的个人私密性日记是不同的，它是一种公开的可阅读的小文章，它的写作形式多样。目的是让学生养成观察生活，表达生活的写作习惯。日记已不是完全的私人化空间，《课标》明确指出："写作是运用语言文字进行表达和交流的重要方式，是认识世界、认识自我、进行创造性表述的过程。"这说明习作是自我表达和与人交往的需要，也就是说，用书面的语言文字与人交流就是习作。习作与日记在结构和写法上有相似之处，但也有区别。

三、研究设计

（一）研究思路与研究目标

本研究分三个阶段完成，结合教学实践确定研究主题，进行大量的文献资料的分析，界定核心概念，确定研究问题，形成研究假设，然后进行实证研究。

1.通过研究，彻底改变教师的错误观念

通过问卷调查，了解目前日记教学的现状，找到小学生不喜欢写日记的缘由，来自教师方面的因素很多，要想改变，就需要教师能在今后的教学中更新观念，降低日记要求，有科学的指导方法、评价方法、修改方法等。让学生重新爱上日记。

2.通过研究，焕发学生写日记的欲望

通过问卷调查，了解学生的日记写作现状，以及学生对日记失去兴趣的原因。了解学生的日记需要、日记写作能力等，对症下药，激发他们的日记写作兴趣。

3.通过研究，找到培养学生日记写作兴趣的策略

学生对日记写作有了兴趣之后，教师要用策略方法努力去呵护这份兴趣，使它能够长久保鲜。

（二）研究对象与研究工具

本研究主要从学生视角出发，探索培养学生的日记写作兴趣的策略，笔者正好在教学一线，所以选取了本校一至六的学生为研究对象。通过文献资料的分析，开发研究工具——访谈提纲和调查问卷。

（三）研究内容与研究方法

基于对相关文献的分析和对学生、家长的访谈结果分析，本研究的内容主要有：学生改变自身学习行为，提升学习品质，增强日记写作的兴趣，变"要我写"为"我要写"的学习态度；教师要培养学生的日记习惯；丰富日记内容；改变日记方式；改变评价方式。

本研究主要采取文献法、调查研究法（问卷法、访谈法）、行动研究法。

文献法：围绕本课题的研究内容，通过搜索硕博学位论文、中文学术期刊、报刊、会议论文；通过网上图书馆、学校图书馆查阅相关著作；通过网络搜索相关网页，主要看看国内10年之内的一些研究成果。为本课题研究提供了理论上的支持，又能从大量的实证研究资料中吸取经验并且借鉴。

调查研究法：通过问卷、访谈（学生、家长），分析学生在写日记方面存在的问题和困难，以及排斥日记的原因等；通过访谈家长，了解学生在家里的学习环境和学习习惯等。基于调查，研究设计培养学生日记写作兴趣的研究方案。

行动研究法：通过实施"学生视角下培养学生日记写作兴趣的策略"研究验证策略的效果，择优录用，提炼实用性强操作性强的教学策略，撰写研究报告。

四、研究过程与结果分析

（一）前期准备

1.修改课题立项申报书，设计实施方案

根据课题立项评审专家意见，在课题拟解决的问题和研究目标的表述上作了进一步的完善，研究方法的陈述进行仔细推敲，设计课题的具体实施方案。

2.召开课题论证会，明确研究任务

"百标课题"立项后，校领导特别重视，邀请了县教研室以及学校领导组成专家组，进行了课题论证。课题主持人从课题的研究背景、研究目标、研究意义、研究设计等方面给教师们做了详细的介绍。对课题组成员明确分工，加强培训，研究的过程中及时收集、整理、保存好过程性资料。

3.建立健全制度，保证研究活动

学校成立"校本教研领导小组"，确定每周二上午为语文校本教研时间，明确职责，落实责任，齐抓共管，形成良好的教研氛围。

结合学校实际制定了语文教师学习制度、教后反思制度、集体备课制度、校本教研例会制度、互相听课制度等。制度的建立为课题的研究提供了有保障的有利条件，使得课题组教师在研究活动中有章可循。把课题作为学校教研工作的研究主线，使得教科研一体化，确保研究的步步落实到位。

4. 加强学习，提高课题研究质量

自主学习和培训学习相结合，检索文献，大量阅读，了解国内关于"日记教学"的研究成果，制定实施策略。阅读著名教育专家的著述，吸收全国其他学校的宝贵经验和研究方法，深入认识研究的目的意义。同时，主动寻求各方面专业力量的帮助支持，注意收集与积累有关资料，善于学习，努力提高研究水平。研读《课标》，领会《课标》对习作教学的要求，找到与日记的关联点。

（二）实施研究

1. 小学生日记教学现状调查及问题分析

表1　教师日记教学现状调查

（单位：%）

教师布置学生写日记	教师认为学生写日记的必要性	对日记内容的要求	学生日记要有篇幅	流水账日记	学生写日记的目的	教师对学生日记的指导	日记评改
经常布置58%	有必要74%	老师不限定日记内容92%	83%	老师会批评学生72%	让学生提高语言表达能力82%	教师会指导学生写日记55%	留下"阅号"28%
偶尔布置34%				重新写一遍24%		大幅度修改学生的日记41%	画符号评41%
从来不布置5%							写评价语31%

从以上调查进行分析：

第一，大部分教师有培养学生写日记的意识。58%的教师经常布置学生写日记，74%的教师认为学生有必要写日记，92%的教师不限定日记内容。虽然有这么多的教师在培养学生写日记，但是老师们的功利性太强，对学生日记要求过高，这表现在：83%的教师认为好日记要有一定的篇幅，72%的教师会批评学生的流水账日记，24%的教师会让学生重新写一遍。有了诸多的"约法三章"，学生对日记便望而生畏，严重抑制了学生写日记的欲望。

第二，教师错误的教学观念。82%的教师认为写日记的目的就是为了让学生提高语言表达能力，狭隘地认为作文即日记，日记即作文，写日记单纯就是夯实作文功底。

第三，教师对学生日记有指导，但是修改幅度偏大。55%的教师师会指导学生写日记，其中41%的教师大幅度修改学生的日记。自然会出现将成人化的语言带入学生的日记的现象。

第四，教师对学生日记有评价。28%的老师在学生的日记本上留下的仅仅是一个"阅号"而已，41%的教师会给学生画符号评价，31%的教师会写评价语。

2.学生日记写作需要的现状分析

表2　三至六年级学生写日记的抽样调查

（单位：%）

现状数据年级	老师布置写	家长督促写	自己有时写有时不写	喜爱写经常写	平时基本不写
三年级	98.6%	31%	63%	10%	20.7%
四年级	97.7%	21.3%	81.6%	60.1%	21%
五年级	85%	63%	59.7%	12.3%	32%
六年级	70%	67.9%	20%	17.9%	59%

原因数据年级	单调乏味，不感兴趣	无话可写	没有时间写	写不具体，写不好	惧怕心理，情绪压抑
三年级	60.2%	10%	62	43%	9.2%
四年级	21%	31%	651%	37.5%	16.7%
五年级	40%	59%	79%	36.2%	34.3%
六年级	60.2%	67.3%	90%	38%	21.6%

从调查数据可以看出，学生写日记的兴趣和主动性起步尚好，但越往高年级越差。

3.访谈实录与分析

（1）家长访谈分析

第一，为孩子营造轻松、愉悦、和谐的学习环境

实录1："我们家环境良好，和谐、美满，能给孩子提供一个愉悦的生长环境，在学习方面，尽量满足孩子的需求。"

"我们家有三口人，孩子的爸爸在外地工作，所以通常情况下，只有我和孩子两人，我和孩子之间无话不说，我们之间就像大朋友和小朋友的关系，互相关心，互相帮助。"

"孩子有独立的房间，便于学习，家庭成员少，无人干扰其学习。"

"孩子生活在一个四口之家，爸爸、妈妈、哥哥，生活靠爸爸的工资维持。"

"我觉得我们家的生活环境很好，有好的氛围和好的文化气息，利于孩子更好地学习。"

"我的家庭结构完整，父母受过高等教育，家庭和睦，学习条件优越，有自己独立的生活空间，在学习方面，家长尽量满足孩子的需求，课外读物等。"

访谈中发现，凡是喜欢写日记，并坚持写日记的孩子都有一个完整的家庭，家庭环境好，有自己的学习空间，学习习惯良好。家长应该为孩子营造轻松、愉悦、和谐的学习环境。不要在家里打麻将、喝酒，不要在孩子面前吵架、打架，保证在孩子看书写作业时，家里是安静的。

实录2："我们是一个六口之家，我有一年半的时间在外地，我老婆是一个全职妈妈，两个孩子上小学，一个上幼儿园，还有一个待业在家，我们是一个地地道道的农民家庭，靠打工为生。"

"我们是五口之家，学习环境还算不错，孩子的母亲识字少，父亲工作繁忙，缺少对孩子的督促，一般是大女儿帮助学习。"

"我有三个孩子，我也是个农村妇女，为了孩子的教育和未来，从乡下

搬到县城，租住在学校附近，所以我女儿的生活环境不是很好。"

"单亲家庭，没有父亲，和妈妈一起生活，孩子的学习习惯很差。"

"独生子女，在家娇生惯养，不能独立完成作业，家长多次催促才能写。"

学习习惯不是很好的学生，都与家庭环境不好有关，家庭环境不是物质上的富裕，而是和谐、美满，家庭完整，孩子的习惯与出身没有关系，与父母的文化层次关系也不大。对于单亲家庭、多人口之家、独生子女这类家庭来说，孩子的学习、生活习惯不是很好。

第二，培养孩子在家里的良好学习习惯

实录3："孩子已经养成了良好的学习习惯，进门就写作业，按老师的要求认真练字，抄美文，而且爱上了阅读。"

"孩子的学习习惯相对而言是比较好的，放学后的主要任务就是完成家庭作业，有多余的时间去读一些课外书籍。"

"孩子在家里的学习习惯很好，在写作业的时候能安心写作业，不贪玩，能够独立完成作业。"

"孩子回到家里的第一件事是完成老师布置的作业，之后才吃饭，一般情况下让我们先吃，孩子作业写完了才肯吃饭。"

一部分孩子已经有了比较好的学习习惯，能主动写日记，让这些家长在班级微信圈里或者家长会上与其他家长交流经验。

第三，家长对日记的理解与认识

实录4："我不会经常性地去看孩子的日记，因为他们也有隐私。"

"以前会看孩子的日记，现在她不允许，那是属于她的秘密，除非她同意让我看。"

"不经孩子允许，我不敢看孩子的日记，有时征得孩子同意，才看她的日记，有时她会主动给我们看，日记真实地记录她的经历和感受，我们经常鼓励她。"

"不看，尊重孩子的隐私权。"

"一般情况下，我不会去看她的日记，除非经过她的允许，因为孩子自己认为，日记是自己的秘密，不让看。"

"很多时候孩子是不让看的，我们很尊重孩子，孩子也有点小隐私。"

家长懂得尊重孩子的隐私。得到孩子同意再看日记，若是自作主张看孩子日记，孩子就会有心理防备，不再写日记。

第四，不要从作文的角度去评价孩子日记

实录5："因工作需要，我经常早出晚归，偶尔看一下孩子的日记，日记写得不好，语言组织、文体架构都不太明白。"

"孩子每写一篇日记式作文，都是先打底稿，一起修改后，再抄写一遍。"

"以我的看法是，日记写得太少，没有把重点写出来，结尾也不是太好。"

"我看他的日记，大多是记流水账，内容与文字很幼稚，真实地反映了童真生活。"

家长从家长的视角看待孩子的日记，认为孩子的日记语言不精彩，篇幅太短，没有突出重点，没有谋篇布局。要求太高。

学生的日记写作兴趣与家庭教育有着很大的关系，于是，总结了一套家庭教育策略，以"致家长一封信"的形式印发给每一位家长，希望通过家校合作，充分利用家长资源，发挥家校合力培养孩子日记写作的兴趣。

（2）学生访谈分析

访谈了三个层次的学生，分别是：喜欢写并且有写日记习惯的学生；写日记属于应付差事型的学生；不愿意写日记的学生。通过访谈分析，发现结果与之前的问卷调查结果如出一辙。

基于访谈结果分析，培养学生日记写作的兴趣，做到以下几点：要保证学生有写日记的时间，各科教师布置家庭作业之前相互沟通，均衡家庭作业量，留给学生写日记的时间；小学生的主动学习意识不是很强，缺乏自觉性和持久性，所以要想培养学生写日记的习惯，还必须从教师的勤布置、勤检查开始；不要给日记增加条条框框的束缚，有话则长，无话则短，哪怕只是只言片语。为培养学生"想写"的意识，激发其"乐写"的兴趣；创设丰富多彩、各具特色的日记形式，调动学生巨大的写作热情，拓宽生活视野，培养多方面的能力；丰富日记内容，让学生心里永远保留一份新鲜感，有想写的期待；针对性地评价、分层次地评价、同学评价等。

五、研究结论与研究发现

（一）小学生日记写作阶段的划分与解读

日记写作可以从小学生入学开始，直到小学毕业，贯穿整个小学阶段。

表3　小学生日记写作阶段表的解读

小学生日记 写作阶段划分		小学生日记 表现形式	各阶段重点
低年级	学习拼音到 小学二年级	文字为主、拼音 和图画并存	对写话有兴趣，写自己想说的话，鼓励学生用几句流畅正确的话写出自己对周围事物的认识和感想
中年级	三四年级	以文字为主	留心周围事物，乐于书面表达，增强写作的自信心
高年级	五六年级	以文字为主	有留心观察的习惯，珍视自己的独特感受，积累写作素材

小学生日记写作阶段表的解读。

1. 低年级小学生写日记的必要性

低年级小学生日记指一二年级小学生写的日记。从小学入学到学拼音前阶段，可以用拼音写话，可以画画表达所见。画的创作和文字的写作本来就是共通的，都是表达，只是运用的工具不同，一是语言，一是线条。而且这样做，学生就会觉得写作就和以前在幼儿园画画差不多，是件轻松愉快的事，想画什么就画什么，想怎么画就怎么画，对表达感兴趣，有信心了，随着汉字的学习过渡到用汉字写日记，不会的字可以用拼音代替。慢慢建立句子的概念，对写话有兴趣，写自己想说的话。

2. 中年级小学生日记的重要性

学生如果在一年级就开始写日记，随着年龄的增加，视野越来越开阔，不光关心身边的小事，还能把眼光放远，开始关注社会现象。他们成长的烦恼、喜悦与困惑会从日记里反映出来。他们与日记一同成长，迈向成熟。

3.高年级小学生日记的必然性

在高年级，学生要有留心观察的习惯，能珍视自己的独特感受，积累写作素材。还可以启迪学生分析现实生活中的种种现象，形成自己的观点，丰富自己的感受，引导他们流畅自如地表达自己的想法、细腻的情感，并逐步形成自己的风格。

（二）培养小学生日记写作兴趣的策略

1.改变传统的日记评价标准

教师和家长对日记写作的要求基本都是对作文要求的翻版和简化，必须彻底改变这种状态。对于小学生来说，让他们找到写日记的乐趣，乃至于让他们对写日记"上瘾"，这才是最大的成功。

（1）教师层面

教师认为写日记的目的就是夯实作文功底，作文即日记，日记即作文，充满功利性。其实，日记，日日记，就是语言上的积累，先有了三言两语、后有了流水账，随着年纪的增长，写的话就有了取舍，有了条理，能把话说清楚说完整了，出口成章了。这样的日记过程就是语言表达能力提高的过程，但是，这个结果不是一蹴而就的，应该是自然生成的。

（2）家长层面

家长给日记扣"有意义"的帽子，究竟什么事是有意义的？成人和小学生的视角不一样，不要以成人的思维要求学生。日记，只要是学生想写的就让他们自由去写，家长不要干涉，更不要在学生的日记中出现成人的语言，家长不要从作文的角度去评价日记。

2.培养日记写作的良好习惯

日记应该是一种主动行为，是一种自得其乐的个人行为。光靠他们短暂的兴趣和有限的自觉是不够的，所以要想培养学生写日记的习惯，必须从教师的勤布置、勤检查开始。布置学生写日记时不要增加条条框框的束缚，减少课余作业，留给学生足够的写作时间，让学生想写什么就写什么，有话则长，无话则短，哪怕只是只言片语。培植学生想写的意识，激发了写的兴趣，逐步养成写的习惯。

3. 帮助学生选取日记写作的素材

学生要坚持写日记，首先就是教师必须教会学生怎样选择日记的素材。生活中有取之不尽、用之不竭的"写话"源泉。可见，充实的生活积累是学生日记活动的起点和源泉。让学生把白天看到的、听到的记下来，日记就有内容可写了，而且记下的往往都是自己的真情实感。

4. 创设多种形式培养日记兴趣

学生写日记最忌形式和方法的单一化。单调呆板的形式容易造成学生日记兴趣的丧失。相反，创设丰富多彩、各具特色的日记形式，不仅能够调动学生巨大的写作热情，而且能够拓宽他们的生活视野，培养他们多方面的能力。一旦尝到了甜头，他们就会把写日记当成生活中的一种自觉需要，使之成为一种自我要求，乐此不疲。为此，要鼓励和指导学生在写"兴趣日记"和"特色日记"上下功夫。

（1）拼音日记

在小学低年级阶段，依据《课标》要求，学生不需要写出成篇的文章，不需要讲求逻辑和完整，只需学会写话，把一句话说清楚，说完整即可。教师可以引导学生学写拼音日记，让学生用拼音代替汉字写下自己想说的话。同时，教师要不断地鼓励学生尽量用已学的字代替拼音，这样，就降低了学生写日记的困难，有利于日记教学的开展。

（2）循环日记

所谓循环日记，就是将学生分成小组后，以每个小组为单位，每天依次由一位同学完成一篇日记的一种循环的练习。第一天由各组第一位同学写，第二天将日记本传给第二位同学，要求第二位同学对前一位同学的日记进行书面简评，并完成自己当天的日记，然后再传给第三位同学……如此循环。实践发现，这样写日记增加了相互启发、取长补短的机会，因此这些日记无论是选材角度，还是表达方法，都取得了明显的进步。同时由于每位同学在自己写当天的日记前都要对前一篇他人的日记进行简评，因而提高了学生的鉴赏能力。再者，由于每位学生在写循环日记时，取材自由，内容广泛，有利于学生从不同的角度去感受生活，积累生活素材，使日记写作始终处在鲜活的状态。

（3）班级日记

把班级看成是一个大家庭，家庭成员众多，家里的故事也就多，以《我们班的故事》为题写班级日记，记录每天发生在班里的故事，每个学生都是作者，大家轮流记，每天早上，由作者在全班朗读，再传递给另一位同学。

下面是二年级学生的班级日记。

3月20日

我们今天学了查字典，查字的时候要看汉语拼音音节索引，如果哪个字不会组词 cí，就可以用这种 zhǒng 方法找到这个字，它的后面就是词语了，是不是很方便。

5月25日

我和贺子轩有一个秘密 jī 地。我们两个人的秘密 jī 地是用来玩捉迷 cáng 的 cáng 身之处，每天下课，我们都去那里玩，这里也是我们的乐园。

9月13日

今天，我们学习了课文《田家四季歌》，开心的是，我们知道了节约粮食是一种美 dé，还知道农民伯伯有多辛苦，所以我们要节约粮食，做个好宝宝，更要好好学习。

9月14日

今天，在校园里，我和杨 huī 钊正在跳远，刚跳到松树旁，听到呱呱的一声，我 kào 近一看，大吃一惊，发现有一只青蛙，它还 wā 了一个坑，那个坑很大，我说："青蛙真是有趣啊。"杨 huī 钊说："是啊。"这时我想到我们学的《小蝌蚪找妈妈》，青蛙是从小蝌蚪一步一步变来的，真是太神奇了。

10月4日

今天语文课上，老师教我们学习《cáo 冲称象》，我知道了 cáo 冲是 cáo cāo 的儿子，别人送了 cáo cāo 一头大象，他带着儿子 cáo 冲和官员们去看，官员们说："这么大的大象有多重呢？" cáo cāo 问："谁有办法把大象称一称？"可是官员们说得都不对，只有 cáo 冲说的办法才对，cáo cāo 让官员们 zhào 着 cáo 冲说的办法做，果然称出了大象的重量，所以我们要向 cáo 冲学习，以后 yù 到事情要多思考。

以上几篇日记，内容很短，但很真实，是学生眼中的实景拍摄。

（4）绘画日记（做绘本）

这是图文并茂、饶有情趣的一种写日记的方式，深受学生的喜爱。一篇生动流畅的日记，配上色彩鲜艳的一朵花、一片叶或是一只小动物，再加上灵活多变的字体标题，妙趣横生，极大地激起了小作者的热情和兴趣。而且随着日记量的增加，学生配图的经验也越来越丰富，不少学生还能根据日记的内容和情感特点进行配画，真有点绘本的味道。

（5）采访日记

采访是一种社会实践活动，是学生接触社会、了解社会、接近他人、了解他人、丰富社会知识的有效途径。教师要有目的地安排学生进行小型采访活动，让学生走上大街采访值勤交警、修车师傅，感受他们的喜怒哀乐、酸甜苦辣。采访日记不仅激活了学生对日记的兴趣，更重要的是，提供了学生与他人交流的好机会。

5. 丰富日记内容激发写的欲望

丰富的日记内容，能让学生心里永远保留一份新鲜感，有想写的期待。

（1）观察日记

大自然精彩纷呈，时时有美景，引导学生关注天气的变化。带领学生走进大雪纷飞，赏雪、玩雪；走进绵绵秋雨，引导观察雨前、雨中、雨后的美景；走进炎炎夏日，刚刚还是骄阳似火，顷刻间雷雨交加……都能激起学生写的兴趣，陶冶学生的情操。

让学生泡豆芽，写观察日记。

观察日记——泡豆芽

9月26日　晴

今天，我放学回家，打开我泡豆子的碗上的塑料袋子，一股酸味，真难闻，我就去问爸爸是怎么回事。爸爸说："你如果及时换水，臭味就会消失了。"我立刻去换水，清洗完之后，臭味真的没有了，我很开心，我的"饺子"们快点长大吧！

9月27日　晴

今天我的豆子脱掉了外衣，在水里舒服地睡觉，我回到家里，打开塑料袋，啊！这味真难闻，我意外发现有几颗豆子的中间伸出了一条小尾巴，有的都破裂了，变成了两瓣，像一个被切开的小苹果一样。我的豆子们脱掉外衣，好像在比谁更胖，比谁更白，他们比得不相上下。

9月28日　晴

今天回家后，我打开袋子，还是很臭，我仔细一看豆子上的芽，变成了黑色，此时我只能挥手告别我的白豆子们了。我又重新泡了一些豆子，这次泡的是麻豆，他们的衣服可真好看，我把他们放到碗里，倒了点水，希望他们健健康康地成长。

9月29日　晴

今天，我的麻豆探出了小脑袋，有的还脱了衣服，我真高兴啊！

（2）主题日记

结合学校的专题教育活动，利用班队会、课外活动时间，开展一些主题活动，让学生参与其中，去"真做"，有"真为"，见"真景"，生"真情"，进而生发真感受，写日记。下面是一年级的小朋友在参加了学校里的朗读比赛后写的日记。

5月18日　晴

今天，我的心情格外激动，因为下午我们学校举行朗读比赛。

比赛开始了，各班都做了充分的准备，都表现得非常突出。轮到我们班上台了。我们参赛的题目是《小公鸡和小鸭子》。朗读结束后，台下响起了热烈的掌声。比赛终于结束了。结果我们荣获年级第一名。同学们高兴得跳了起来，老师露出了满意的笑容。

我觉得这一次活动非常有意义，让我感受到了团结就是力量。只要努力就会得到回报。

（3）节日日记

利用传统节日，及时组织活动，让学生写真情日记。

快要过"三八"妇女节了，我会和孩子们交流如何给妈妈过节。经过交流后，在节日来临的那天，孩子们便知道怎么去做了。于是一篇篇《我给妈妈过节》的日记也成形了。

我给妈妈过节

一年一度的三八妇女节到了，该给妈妈怎样过节呢？想来想去，还是尽尽孝心，给妈妈洗一次脚吧！

晚上，我把水温调好，把脚盆端到妈妈面前，笑眯眯地说："妈妈，在这个特别的日子里，让女儿为您洗洗脚吧！"妈妈欣然地点了点头。我就蹲下来，把妈妈的脚放进脚盆里，左搓搓右搓搓，反倒把妈妈挠得咯咯直笑，她用手摸了摸我的小脑袋说："孩子，你有心了，我很开心。"

虽然是第一次为妈妈洗脚，但是我会一直坚持下去，在这个节日里，我想对您说："妈妈您辛苦了，女儿永远爱您！"

日记的内容丰富多彩，形式多样了，学生就可以尽情地表达、表露自己内心的思想感情。

（4）观后感日记

教师可以组织学生观看影视剧，让学生在观影过程中潜移默化地接受思想道德教育，写下真实感受。

（5）读后感

推荐学生阅读书籍，写读后感。

读书有感

杨　晗

今天妈妈送给了我一本书，它的名字叫《智慧故事》。它还有小名呢，叫作"交友处世的智慧"。读了这本书让我增长了智慧和知识。

其中一篇是《知恩必报》，写的是一个老大娘救了一个快饿晕的穷苦青年，让他吃饱了饭，还收留他住了几天，后来，楚王韩信带着一列队伍来报恩，原来他就是那个年轻人。

这个故事告诉我"滴水之恩必将涌泉相报"的道理。

这本书还有许多的故事，每个故事都让我学到了不同的道理。我很喜欢这本书。

学生写下自己简单而真实的感受。

（6）摘抄日记

苏联的拉德任斯卡雅教授说："训练孩子们从书本上搜集材料，从某种意义上说，就是训练他们走向生活。"因此，一般每星期的日记都要布置学生摘抄记录他们自己感兴趣的资料，如名人轶事、名人档案、生活百科、时事纵横等。这不仅培养了学生课外阅读的好习惯，而且使日记成为以后写作取之不尽的"宝库"，从而享受到日记给他们带来的"实惠"。

（7）游戏日记

教师可带领学生走出课堂，参与课间活动，踢毽子、跳绳、丢沙包、打羽毛球等，爱玩是学生的天性，这些有趣的小活动能调动学生参与的积极性，既受学生的喜欢，又为学生的日记写作提供了大量的素材。尽可能多地开展不同活动，不断变换活动形式，始终保持学生参与的积极性，既不会使学生对某一活动感到厌烦，也不至于使日记内容长期一样。每个学生参与的都是一样的游戏，可是时间久了，教师就会发现，每个学生都在游戏中收获了不同的感受，日记内容也丰富起来了。

（8）自由日记

前面各种内容的日记，一方面是激发学生的日记兴趣，另一方面也是引导学生明白日记就是写生活。

有一次，我文了眉毛进教室，学生惊讶地看着我，我当时并没有布置写日记的任务，但是，学生却自发地把我写进了他们的日记。

丁老师的变化
杨浩真

这几天，丁老师有点变化，眉毛变成了"愤怒的小鸟"的海苔眉了。

今天早上，丁老师来到了教室，同学们用惊奇的眼光看着丁老师，我想：丁老师怎么了，是不是眉毛画得太浓了，忘了擦？还是……

丁老师的眉毛使我们班的所有同学感到好奇———为什么丁老师的眉毛会变成那样呢？

丁老师看出来我们很想知道她的眉毛为什么变成海苔眉毛了。老师说，她的眉毛做了手术，过几天就会好起来的。同学们听了恍然大悟。

幸好丁老师还戴着一项小礼帽，把海苔眉毛挡住了一点儿。

学生能及时记录生活中的事情，说明他们已经有了写日记的习惯，类似的还有《课间十分钟》。

课间十分钟
马丁萱

下课了，老师在布置家庭作业，李雪菲笑眯眯地向我走来，我对她说："作业真多啊！"

李雪菲微笑着对我说："是呀！后三项作业可以在学校写，第一个作业必须回家写。"我说："第一项作业，我昨天已经完成了，但不知是不是关于秋天的美文。"李雪菲说："你拿来我问问语文老师。"

我和李雪菲不紧不慢地走到了老师面前，翻开我们的积累本问老师："这算不算秋天的美文？"老师慈祥地说："算啊！"

上课了，我们回到了座位。

如果让学生把日记当成是可以倾诉的挚友的时候，作业再多，再累，有一件事情要记下来，有一种心情要表达出来，日记教学就是成功的。一个孩子写了一篇题目是《快乐的四（1）班不快乐了》的日记，表达他的心情。

我们快乐的四（1）班最近不快乐了，有些家长在微信群里骂仗，我平时找个作业要爬好多层楼梯。就拿今天来说，白心择同学在我的脖子上扣了一道伤疤，妈妈和白心择的妈妈加了微信，结果她们聊着聊着变成了好朋友，希望我们四（1）班一直快快乐乐。

学生把遇到的事情记录下来，还要表达心情，发表自己的想法，多好呀。

6. 多元评价增强写的自信

教师一定要在第一时间阅读学生的日记，可以通过日记的内容了解学生的心理感受，并及时与他们进行沟通，从而达到一定的教育目的。日记教学推行得好，学生就不再把写日记当成负担了，敢于在日记中说真话，吐真情，遇到不如意的事情也会在日记里抒发自己的情绪，这些心理情绪必须得到及时疏解，如果教师不及时阅读学生的日记，时间久了，学生的情绪或是被压抑，或是淡忘了，这都不利于学生的学习和成长。

（1）教师评价

教师要深入了解学生，敏锐地发现他们的闪光点，懂得用赞赏的语言去激励学生，学生才会越写越爱写，越写越会写。不要吝惜使用赞赏的话语和关爱的动作，在学生日记本上画一个笑脸，写几句交心的话语，都会激发学生写日记的乐趣。

（2）家长评价

学生写完日记后，可以先把日记拿给家长看，让家长评价。评语不一定是专业语言，从生活的角度与孩子进行简单地交流，让孩子感觉到父母之爱，可以增进亲子关系，更能促进孩子养成坚持写日记的好习惯。

（3）小伙伴评价

学生把自己的日记与小伙伴的日记交换，互相阅读、写评价语。同一年龄段的小学生有着共同的心理、相似的思维和共同参与的经历，他们在互相阅读中能从同伴的角度去评价，还可以从同伴的日记中得到启迪。

（4）社会评价

给学生展示的平台，创办班级日记小报。

学校广播站投稿，早操时间，广播站播学生的日记作品，增强自豪感。向报刊投稿，享受发表的喜悦。

建"学生日记群"，学生把自己的日记拍照发到群里。

六、研究结论与研究反思

其一，让学生自由写日记，有话可长，无话可短，长不封顶，短可一词，有时间写，没时间可以不写。叶圣陶说："凡是干的、玩的、想的，觉得有意思就写，一两句话也行。"不要担心学生天天写一个词，篇篇写几句话。只要每天都有想写的话，日记习惯就养成了。

其二，日记按定义一日一记，对于学生日记，可以根据班级实际情况灵活安排频次，每周三篇以上，或者规定一周之内要完成几篇。

其三，日记有时候就是流水账，不要逼着学生把日记当作文来写。

其四，突破语文的角度看日记，科学、全面认识日记的作用和意义。写日记的作用是什么？不可否认它是为习作打基础的。管建刚说："写作教学的首要任务不是教给学生多少写作知识，而在于唤醒他们用笔说话的愿望，鼓舞他们用笔说话的热情，激励他们用笔说话的意志。"更重要的是，让学生保持记录生活的习惯，这将成为一个人一生的好习惯，对成长有很大的意义，它记录的不仅仅是一个人的故事，很有可能是一群人的故事，一个时代的故事。

其五，多欣赏少动笔，保留原汁原味。小学生的日记就像一个个万花筒，展现着生活的绚丽多彩。教师批改学生的日记，就是在和学生进行倾心交谈。所以不要改变学生的语言，只要他们的语言是通畅的。多引导少指点，自由抒写。日记没有固定格式，没有讲究的开头与结尾，没有字词的推敲，不需要谋篇布局。

七、研究成果与研究展望

（一）提升了教师的专业素养和科研能力

通过实践、总结、反思等研究活动，教师的实践操作能力在提高，科研水平在提高，个人专业发展在加快，有些教师初显个人教学风格，逐渐成为学校学科带头人，承担校级以上的公开课。日记教学成为学校特色，承担对农村薄弱学校的帮扶任务，部分教师与农村教师结对，帮助他们成长。

（二）总结出了培养学生日记写作兴趣的策略

1. 改变传统的日记评价标准

2. 培养日记写作的良好习惯

3. 帮助选取日记写作的素材

4. 创设多种形式培养日记兴趣

5. 丰富日记内容激发写的欲望

6. 多元评价增强写的自信

（三）培养了学生日记写作的兴趣

通过丰富的日记写作形式，开展课外活动等方式来激发学生的日记写作兴趣，进一步营造了良好的日记写作氛围。学生对日记写作感兴趣，自发参与到日记写作活动中，日记成为生活习惯，形成了良好的日记写作氛围，学生在这样良好的氛围中进行日记写作，不断学习，不断进步，写作能力也会得到相应的提高。

评价不仅仅是教师单方面的活动，学生也可以参与到评价过程中来实现自评或互评。

八、文本成果

（一）教师作品

研究论文、研究反思、研究随笔、阶段总结、研究报告。

（二）学生作品

各类日记作品、周记作品、习作作品、日记小报。

参考文献：

［1］史荣梅.从日记入手培养小学生的写作兴趣[A].中国科教创新导刊，2014（9）.

［2］林鸿彬.小学生日记评语的策略[J].日新课程·小学，2009（7）.

［3］李秀红.浅议小学语文日记教学[J].学周刊，2012（7）.

［4］郑小瑞.日记情节——小学中年级日记教学有感[J].新课程，2007（7）.

［5］余一芬.小学生创新型日记写作教学实践探索[J].新作文，2007（12）.

［6］孙理群.培养小学生日记写作兴趣的策略研究[J].语言文学研究,2010（8）.

［7］李秀红.浅议小学语文日记教学[J].学周刊，2012（7）.

［8］郝欣歌.谈小学日记教学[J].学周刊，2012（10）.

［9］查晓红.实验研究.江苏省徐州市中山外国语实验学校.

［10］中华人民共和国教育部制订.全日制语文课程标准实验稿.北京师范大学出版社.

［11］中国社会科学院语言研究所词典编辑室.现代汉语词典[M].商务印书馆，2012：1098.

［12］钱九兰.小学生日记教学的误区与对策[J].广西教育，2012.

［13］朱娟.谈小学生日记教学的有效策略[J].教学研究，2015.

［14］刘晓梦.农村小学日记教学有效策略的探究与实践[D].山东聊城大学，2014.

［15］黄春梅. 小学生日记教学的思考与实践 [D]. 华东师范大学出版社，
2006.

［16］http：//zhidao.baidu.com/link？ url=fXpAXz_TpGbLrXiLhuXVuhOUnt
Uq4IdbaGwylAYf-rQDluflNaQ4ep2SLbnopnSk1Hl_svzIfP2Kavifj6N7pK.

［17］王时彬. 小学语文三年级起步作文指导方法初探. 兰州大学，2014.

［18］赵顺新. 批改小学生日记的几点做法 [J]. 教师博览，2015.

［19］邱艳红. 小学生日记的阶梯式指导 [J]. 小学时代·教师，2010（1）.

［20］林建华. 用日记记录精彩的童年生活 [J]. 小学语文教学·园地，2012
（12）.

第三节　全区第四届基础教育教学课题研究

《小学高年级语文单元整体教学的实践研究》研究报告

一、问题的提出与研究意义

（一）研究背景

人教版教材的编排是以专题组织单元，体现了避免烦琐，简化头绪，突出重点，加强整合，注重情感态度、知识能力间的联系，致力于学生语文素养的整体提高。每组教材都围绕一个明确的主题，组织一系列的教学内容和语文实践活动。教材变了，我们教学的思路也得改变，如果还按照"知识体系单元"的形式一课一课地教和学，那么课程教材再先进，我们的课堂也是一条腿走路。新课程理念背景下的课堂给了学生更多的听说读写空间，但大多数的课堂上，学生没有明确的学习目标，也没有获得真正的学习自主权。许多教师错误地认为：学生年龄小，不会自主；课堂时间有限，经不起耗费。教师从内心忽视学生的主体意识，忽略培养学生的自主能力。

同心县第二小学处于偏远的小县城，大部分学生是进城务工子女，家庭教育欠缺，几乎没有良好的学习习惯，学习程度参差不齐，基础知识薄弱，自主学习能力差，也没有课外阅读的习惯，语文实践比较少。实施单元整体教学的意义在于，可以使我们走出新课程实施的困境，在教学中把握住单元主题怎么实施，单元训练重点有哪些，要开展哪些语文实践活动，打破以往孤立割裂的学习范式，让语文教学紧紧地统一在整体创设的目标中，实现语文素养的整体提高。本课题是主要针对小学高年级语文单元整体教学的实践研究。

（二）研究目标

1. 教师方面

通过研究，语文教学改变"问答式"和"分析法"的教学方式，借助教材编写的优势，进行快速获取知识信息和能力迁移的训练，能做到"整体把握"，不拆分整体的教学，提升语文教学的效率。改变传统的以教授为主的教学方式，解决教学中的现实问题。通过研究，提高教师的实践操作能力、科研水平、个人专业素养，促进教师专业发展。

2. 学生方面

通过整单元预习对一个单元的学习内容有整体把握，有自主学习的意识和习惯，在学习的过程中掌握一定的学习方法，尤其是"主问题教学法"让学生能通过读、画、圈、点、批，自己解决问题。单元整体教学能集中把握从"整体感知"到"部分体验"阶段，再到"整体感悟"阶段，提高学生的学习能力。

（三）研究意义

传统的单篇教学存在诸多弊端，它以传授知识为主，为了应付考试；以教师面面俱到的讲述为主，同一个知识点在不同课文中反复讲，采用"灌输"和"填鸭"式；以单篇为教学单位，功能单一，知识点组织零乱、随意化。单元整体教学有助于培养学生自主学习的能力，构建学生自主发展的高效语文课堂，是提高学生语文素养的有效途径之一。

二、文献综述与概念界定

（一）国内研究现状

早在20世纪80年代，就有专家提出了"以单元为单元进行教学"的建议；90年代，山东省小学语文教学专业委员会提出了训练组教学的思想；接着人民教育出版社学习语文研究室编著的小学语文教科书体现了这一思想。

国内很多地方尝试并推广了"单元整体教学"这一教学模式，由陆恕、刘宪华、于永正等三人发起的"主题阅读实验"研究，已经遍及全国1000多所学校，这一课题的核心内容就是单元整体教学法。单元整体教学已经成为当前语文课程改革的风向标，也是破解语文教学瓶颈，提升学生语文素养的"魔法利器"。

山东德州跃华小学弘扬《义务教育语文课程标准（2011版）》所阐述的教学基本理念，旨在"全面提升学生的语文素养"，积极倡导自助、合作、探究的学习方式。在李怀源老师的主持下，致力于小学语文单元整体教学体系的构建与实验。这个实验以"统整式"的语文学习策略为原则，整合教学资源，优化学习过程；注重语言积累，强化语言实践；服务实际教学，立足长远发展。预习理解内容、领悟表达、口语交际与习作、读整本书语文实践活动、单元检测等板块，这些都为教师进一步了解和实践单元整体教学提供了理论支撑和成功案例。

本课题研究因上述各项研究的启发，研究范围更小更具体，涉及每个环节，每种课型。从课内到课外，从课前到课后，从教材到活动，从积累到运用，形成一套可操作的教学模式。

（二）概念界定

1. 单元

单元是由相互依赖的几篇课文结合成具有特定功能的有机整体，它以一个单元为教学的基本单位。

2. 单元与课文

一个单元主要由单元导语、精读课文、略读课文、口语交际、习作、综合性学习、回顾拓展等内容组成。其中，课文是一个单元中最重要的组成部分，不仅是完成单元教学目标的载体，也是单元核心能力和价值观念的重要体现。因此，单元与课文之间存在着整体与部分的关系，课文与其他内容之间又是相互并列的。

3. 单元整体教学

与单篇备课、教学相比，"单元整体教学"更强调学习资源的整合与生成，着眼于语文学习的综合性、实践性，重视学生"学"的过程，强调一个时段内语文实践活动的"整体推进"，以求实现语文素养的整体提高及语文能力的逐步提升。

三、研究设计

（一）研究思路

本课题的研究思路是：首先，通过查阅、分析文献资料，确定研究课题。其次，深入实践研究，通过实际例子，列举一些典型案例、课堂实录以及针对性的点评，充分解析单元整体教学的实践操作，提炼实施单元整体教学的实施策略。最后，根据研究结论提出新的思考。

（二）研究目标

1. 通过研究，探究出小学高年级语文单元整体教学的最佳途径，优化语文教学方式，提高语文教学效率。

2. 通过研究，让学生获得语文学习的经验，掌握语文学习能力。

3. 通过研究，培养学生自主、合作、探究的学习行为；培养学生发现问题、分析问题、解决问题的能力；提高语文素养。

4. 通过研究，培养有创新精神和科研型的教师队伍。

（三）研究内容

1. "部分感悟"中把握精读及略读课文的"度"的研究。

2. "单元整体教学"中培养学生自主、合作、探究的学习能力。

3. "单元整体感知"课型的构建。

4. 单元整体"回顾拓展课"的构建。

（四）研究方法

1. 文献研究法

主要是通过查阅相关的文献资料，对目前语文单元整体教学的研究状况进行翔实、客观的了解。

2. 行动研究法

课题研究过程有行动、有思考、有提升，使行动过程成为研究过程。研究教材的编写特点，通过集体备课，进行单元整体教学设计。开展汇报课、示范课、研讨课，探寻单元整体教法。构建"单元整体感知""部分感悟""回顾拓展"课型。

3. 经验总结法

对课题研究的各个阶段进行总结，得出客观正确的结论，循序渐进地形成预期成果，撰写研究报告。

四、研究过程

（一）制定实施方案，明确研究任务

根据课题立项评审意见，课题组在学校的大力支持下，邀请了县教研室和学校领导组成专家组，对课题进行了开题论证。根据专家的意见，认真修改课题实施方案，研究成员明确分工，能通力合作，激活思想，释放潜能，力争实现一元引导下的多元发展。根据《宁夏第四届基础教育教学课题研究过程管理办法》要求，以一个学期为一个研究阶段，每个阶段定期召开研究的开题会，总结会。

（二）建立健全制度，保证研究活动

学校成立了"校本教研领导小组"，结合学校实际制定了校本教研例会制度，为课题的研究提供了制度保障，使得课题组教师在研究活动中有章可循。把课题作为学校教研工作的研究主线，围绕课题调整学校各项工作，把教学、教研、科研三者整合起来，使得教科研一体化。把课题研究作为校本教研的主题，确保研究落实到位。

（三）加强理论学习，提高研究质量

接到立项通知后，老师们就开始搜集与课题有关的资料，学习理论知识。检索"中国知网"文献，大量阅读，了解关于"单元整体教学"的历史渊源和国内的研究成果，从而制定实施策略。阅读名家著述，如窦桂梅的《窦桂梅与主题教学》，王林波的《上好小学语文课》，李怀源的《单元整体教学建构艺术》，了解其他学校关于单元整体教学的做法以及取得的成果，吸收宝贵经验，提高课题组成员对小学语文"单元整体教学"的认识。

以2011版《义务教育语文课程标准》为指导，研读课标、教学用书，分析语文教材的主题单元编排特点，对有关体现主题单元的内容进行挖掘、分析和归类、梳理整理，整体把握目标，整合教材。研究单元教材，探究如何进行单元整体教学设计。

（四）研究教材特点，熟知编排意图

1.小学高段语文教材的编排特点

（1）专题组元的角度更加灵活多样

高年级教材的编排方式仍按专题组织教材内容，但专题的角度更加灵活多样。如五年级上册，有的专题是从思想内容的角度提出的，注重引导学生更多地关注社会，如"月是故乡明""生活的启示""不忘国耻，振兴中华"；有的专题是从人物的角度提出的，如"走近毛泽东"这组教材不仅展示了毛泽东作为领袖的风采，而且展示了他的文学才华和凡人情怀；还有的专题是从文体的角度提出的，如"学习说明性文章"引导学生在了解文章内容的同时，学习一些基本的说明方法。五年级下册第三单元"语言的艺术"，这一单元比较好地体现了学科主题的设计。在这一单元里，课文有文言文《杨氏之子》，这是一个非常活泼、有趣的故事；《晏子使楚》是老课文，体现了人物的应对机智，同时也体现了人物思维敏捷、逻辑严密；《半截蜡烛》和《打电话》从文章的表现形式来看就显得比较特殊，一个是剧本，一个是相声，都是语言类的体裁，以语言见长，故事本身就体现了人物说话的特点。这个单元围绕"语言的艺术"这个主题，设置了这样四篇课文，分别从不同的角度来论证如何进行得体的交流。

表1　人教版小学高段语文单元主题

教材	单元主题
五年级上册	热爱阅读、月是故乡明、生活的启示、不忘国耻、振兴中华、走近毛泽东、学习说明性文章、父母之爱。
五年级下册	走进西部、永远的童年、语言的艺术、他们让我感动、中国古典名著之旅、走进信息世界、作家笔下的人、异域风情。
六年级上册	感受自然、祖国在我心中、心灵之歌、珍爱我们的家园、初识鲁迅、轻叩诗歌的大门、人与动物、艺术的魅力。
六年级下册	人生感悟、民风民俗、深深的怀念、外国名篇名著、科学精神、难忘小学生活。

（2）加强整合，使教材成为互相联系的整体

高年级教材在编写中进一步加强整合。主要体现在以下三个方面。

①导语导学，整合单元内容

各组的导语大都分为两个自然段，除了有激发学习兴趣、点明学习专题的作用外，还有提示语文学习重点、明确读写训练点的作用，方便教师和学生从内容和形式两方面去关注课文。

②精读课文与略读课文的整合

为了体现单元整合，教材加强了精读课文与略读课文的联系。本册在精读课文与略读课文之间安排有"连接语"，有时在略读课文和略读课文之间也有"连接语"。这段文字承上启下，内容突出，过渡自然，明确提示了略读课文的学习要求和方法，体现由精读到略读的阅读训练过程，使精读课文和略读课文的整体感更强。

③单元之间各学习内容的铺垫和照应

每一组从导语到课文思考题，从口语交际·习作到回顾·拓展，各个部分都力求从内容和形式上凸显本单元的学习重点。前面有布置，中间有铺垫，

后面有复习、拓展、交流，整套教材乃至于全册教材成为互相联系的整体。

（3）加强导学功能，倡导自主、合作、探究的学习方式

高年级教材在编写时既考虑有利于教师的教，又考虑有利于学生的学，努力使教科书既成为教师的"教本"，又成为学生进行自主、合作、探究学习的"学本"。主要体现在：一是导语提示单元学习内容；二是精读课文的课后题，略读课文前的连接语，注意引导学生讨论、交流和独立思考；三是每组课文后的"词语盘点"便于学生自查自测；四是"回顾·拓展"中的"交流平台"为学生讨论问题、交流认识提供了平台。

（五）发挥集体备课，规范备课模式

教师在备课前先研读教材，明确单元主题，单元读写训练点，单元整体备课包括如下基本内容：一是全面阅读、分析单元教材，明确单元教学主题和整体教学主线；二是逐课阅读教材，找出与单元整体教学主题具有内在联系的教学重点；三是明确各科教学的基础知识和读写训练知识点。备课必须有全局意识，改变以往备一课上一课的现象，备好一个单元，对单元的知识训练胸有成竹才能走进课堂，教材每个单元都有一个读写训练点，训练重点分散在每一课中，加以突破。

（六）借助研究活动，提高研究效率

开展"单元整体教学"的研讨课、教研沙龙，以活动促研究。六年级的《单元整体"回顾拓展课"的课型构建及实施策略》的教研沙龙，策略多种多样、成果丰富，各年级教师畅所欲言，观点新颖，氛围浓郁，每位教师都亲历教学科研，都有不同的收获与启迪，提高了科研能力。同时，也开创了我们学校的小专题研究新形式，实现了由一个年级承担交流到全校语文教师都参与交流的转型。

（七）借助联片教研，扩展研究范围

通过"送教下乡"与农村学校进行联片教研活动，切实发挥校际教研提高教育教学质量的作用，促进校际之间的交流与合作，拓展教研渠道，创造相互开放、优势互补、共同发展的教研环境，增强教研工作的针对性和有效

性，解决课题研究中出现的实际问题，进一步提高课题研究的质量，取得更好的成绩。由两校教师共同承担一个单元的集体备课、讲课，交流反思。

五、单元整体教学的实施策略

（一）把握教材内容，确定单元教学目标

从整体上把握语文学习的总目标和学段目标，关注学生经过小学阶段最后两年的学习，能否达到课程标准对学生语文能力的要求。在此基础上明确在第三学段中，教材教到什么程度，学生掌握到什么程度，都要做到心中有数。教学每一个单元时，要明确本单元的学习内容、学习重点和学习目标，无论教学进行到哪一部分，都要与单元学习重点联系起来，做到"瞻前顾后"。

（二）立足单元主题，实施整体教学

1.实施整单元预习，熟悉单元教材内容

单元整体教学是依据单元教材或单元主题对学生进行听、说、读、写训练的语文教学活动。因此，只有对整个单元进行统筹安排，才能对每个学生进行有效的训练，全面提升语文素养。让学生进行单元整体预习，它是学生学习每个单元的基础，也是教师单元整体教学的前提。教师可以根据自己班级的实际情况设计单元预习单，教给学生整体感知单元内容的方法。

表3　人教版小学语文五年级下册整单元预习单

第（　）单元预习单					
单元主题	单元教学目标	课文题目	作者	主要内容	单元主题作文

2. 实施单元导读课，整体感知单元内容

单元导读课是在单元预习的基础之上，内容学习之前，对整组内容的整体感知。通过单元导读课，可以让学生整体感知单元内容，对单元主题及所学内容有所了解，在接下来的教学中，教师、学生都会感到得心应手，尤其是口语交际与习作的内容从第一节课开始就蓄势、准备。单元导读课就是一个导航，把学生带入新一单元，整体接触新单元的内容，为进入"局部"做铺垫。

3. 单元"局部"感悟课，一课一得

"局部"感悟课充分体现单元教材之间的关联，在整合中比较、感悟。可以是内容主题的整合提升，也可以是文章表达方法的整合领悟，让学生习得读写方法。部分感悟课重点关注单篇课文与整组教材的巧妙关联，为培养学生的学习能力服务。

有的单元课文是描写同一类对象，可以将这些课文进行比较、分析，从中体会不同文章不同风格的语言表达。有的单元课文在思想意义上虽然相同，但写作的角度是不同的，可以帮助学生由表及里、由此及彼，在学生的体验与知识之间、课内与课外之间建立联系，逐渐升华主题。有的单元课文与语文园地一些栏目联系紧密，教师要善于发现内在的关联。单篇课文的教学主要采用"主问题教学法"，每一篇课文设计一两个牵一发而动全身的"主问题"，然后围绕主问题展开教学，领会表达方法。

4. 单元回顾课，由"局部"回归"整体"

单元回顾课是一个单元学习结束后，引导学生回顾单元学习历程，通过比较、讨论、归纳等方法整理本单元的学习内容，突出重点，强化单元目标，使之条理化、系统化，使学生获得整体性的认识，融会贯通，带着成功的学习体验、浓厚的求知乐趣，积极投身到下一单元的学习中去。

（三）单元整体教学的实施要求

为有效实施小学高年级语文单元整体教学，充分发挥教师、学生和教学内容三者之间的作用，充分发挥三者的合力，笔者对小学语文单元整体教学的实施提出了如下要求。

1. 全面进行单元分析

进行单元分析，就是全面把握它在整个教材中的位置、作用以及特点，了解它的外部联系和内在结构。从纵向和横向两个维度分析单元，以便真正把握整个单元。弄清每个单元的特点有助于教师更加明确地实施单元整体教学。

2. 充分考虑学生学情

学生的学情包括照顾学生的年龄特点，关注学生的学习能力两个方面。首先，进行小学语文单元整体教学要考虑学生的年龄特征，因为学生学习策略和认知策略的学习会受其心理发展水平以及思维发展水平的影响和制约。其次，关注学生学习能力的发展，小学语文单元整体教学的最终目标是指向学生语文学习能力的发展。在单元教学中，引导学生对整个单元的课文进行对比分析，理解几篇课文的共同特点以及个性特征，学会有效迁移，举一反三，学会写作，学会与人交流，让学生在学习知识技能的同时掌握学习的方法，逐步培养学习能力。

3. 创设宽松和谐的课堂气氛，激发学生自主探索的欲望

爱是教育的源泉，只有创造一种宽松和谐的课堂气氛，才能使学生在心情放松的情况下形成无拘无束的思维空间，也才能促进学生的积极思考。因此，在课堂上，教师要时刻去关爱学生，用爱心去唤醒学生，用热情去感染学生，用宽容和微笑去呵护学生，让学生能在和谐温暖、相互信任的氛围中养成积极向上的健康心态，能积极主动去学习、去探索、去研究，从而促进学生的健康成长！

4. 创设合适的教学情境，搭建学生自主学习的平台

每个学生都有求知欲望和获取成功的精神需求，因此，教师要善于捕捉学生的灵感，智慧的火花，不失时机地将自主思维过程拓展为一种自主学习的能力，这就需要教师在教学过程中，尽量多安排一些学生动手动口动脑的活动，去鼓励学生积极参与，让学生自主去探索，去发现，让他们能充分感受到参与的乐趣。

5. 创设自主合作的学习情境，培养学生自主学习的能力

教师在教学中要创设自主合作的学习情境，使学生在合作的环境下，培养独立思考、自主学习的能力。众所周知，阅读教学是学生、教师、文本之间的对话过程，在课堂教学中要还给学生一个合作交流的课堂，实现文本对话、师生交流、生生交流，这种合作交流的形式，不仅可以教会他们团结合作的精神，还可以搭建互动平台，构建和谐轻松的课堂氛围，让学生在课堂乐园中能动手，动脑，发挥他们的长处，能畅所欲言地发表自己的见解，能与同伴相互学习，相互补充，集思广益，取长补短，从而提高他们自主学习的能力。

6. 养成良好的学习习惯，夯实学生自主学习的能力

良好的学习习惯，有利于激发学生学习的积极性和主动性；有利于形成学习策略，提高学习效率；有利于培养自主学习能力；有利于培养学生的创造能力，学习习惯的养成，使学生终身受益；养成课前预习的习惯，良好的听课、思考的习惯等。

7. 把握好精读课文和略读课文的"度"

每个单元由一篇篇不同的文章组成，它们相对独立又互有关联，作为一个整体存在，教学中不能彼此孤立，应该瞻前顾后，有机融合。精读课文的教学，精读是主体，举一反三，侧重习得方法。略读课文，能粗知大意、巩固前一课的学习方法，培养学生的自主学习能力。使学生在精读课文中获得的读写知识运用到略读课文中去，使学生的独立阅读能力得以切实提高。

六、研究成果与研究展望

（一）研究成果

1. 提升了教师的专业素养

本课题研究促进了青年教师的专业发展，提高了他们的科研水平，有些教师初显个人教学风格，逐渐成为学校学科带头人，承担校级以上的公开课。单元整体教学成为学校语文教学特色，承担对农村薄弱学校的帮扶任务，部分老师与农村教师结对。

2. 提高了语文教学的效率

改变了传统的以教授为主的方式，"整单元教学设计"已成为学校语文学科的备课模式，教师整体把握教材的能力提高了，单元整体教学的意识增强了，并通过实证研究改变教学方式，提高教学质量，学校得到了不同程度的发展，同时，科研水平和教学质量的提高也增强了教师的幸福感。

3. 促进了学生语文能力的发展

通过整单元预习，学生有了自主学习的意识和习惯，在学习的过程中掌握了一定的学习方法，尤其是"主问题教学法"让学生能通过读、画、圈、点、批，自己解决问题，提高了学习效率。单元总结时，学生通过回顾学习目标，自主整理，小组交流和全班讨论进行单元内容的总结复习，在总结复习中整理学习方法，总结学习规律，不断提升自己的学习能力。

（二）研究展望

课题研究的结题不是结束，而是发挥价值的开始。继续做好小学高年级语文单元整体教学的实践与研究，尝试扩大研究范围，在小学低年级与中年级尝试运用，使全校语文教师参与教学研究，推动教师的专业发展，以科研兴教，科研兴校。

七、研究中存在的问题与困难

实施单元整体教学也面临着一些问题和困难。本课题的研究只针对小学高年级语文，如果在小学中低年段又该如何实施？中、低段的学生在思维发展水平、接受能力、学习方法上都与高段学生存在很大差异。虽然单元整体教学的实施是为了克服单篇教学的弊端，是在其基础上发展起来的。但这并不意味着是对传统单篇教学的全盘否定，对于传统的单篇教学含英咀华，注重字词句段篇相互联系的精华部分更应取而用之，如何有效地将单元整体教学与单篇教学相联系，找到两者的结合点，使学生能够获得系统化完整性的知识，提高语文素养，是有待探索的问题。

综上所述，小学高年级语文单元整体教学作为一种教学策略，它一方面适应了小学语文教学改革的要求，另一方面又适应了小学语文教材的编排组织特点。在小学语文教学实践中是非常必要的，改变教学方法，从而提升学生语文素养，培养学生的实践和创新能力。

参考文献：

［1］叶圣陶. 叶圣陶语文教育论文集 [M]. 天津教育出版社，1988：59，87，98.

［2］李怀源. 小学语文单元整体教学构建艺术 [M]. 西南师范大学出版社，2009：21.

［3］中华人民共和国教育部制订义务教育语文课程标准 [M]. 北京师范大学出版社，2011.

［4］李怀源. 小学语文单元整体教学构建艺术重庆 [M]. 西南师范大学出版社，2009.

［5］李亦非. 三维目标整合教学策略 [M]. 北京师范大学出版社，2011.

［6］美杰罗姆布鲁纳. 布鲁纳教育文化观 [M]. 首都师范大学出版社，2011.

［7］布鲁纳著，邵瑞珍译. 教育过程 [M]. 北京：文化教育出版社，1982.

［8］孙红侠，孟祥芹主编. 小学语文单元整体课程实施与评价 [M]. 江苏教育出版社，2012.

［9］施培娟. 小学高段语文单元整体教学策略研究. 教材研究.

［10］李怀源. 课文·语文·人文：关于"小学语文单元整体教学"的探讨 [J]. 小学语文教学，2009（5）.

［11］徐光华. 主题单元整体教学设计策略与实施步骤 [J]. 小学教学设计，2009（31）.

［12］魏蔽. 对主题单元整体教学实施的思考 [J]. 小学语文教学，2011（7）11~13.

［13］韦蔽. 小学语文单元整体教学研究 [J]. 教育实践与研究，2013（01-A）51~52.

［14］李怀源.单元整体教学的操作流程及实施策略 [J].小学语文教学，2011（7）：29~31.

［15］崔峦.回顾总结展望——人民教育出版社五十年小学语文教材编写历程课［J］.课程教材教法，2010（1）：49~59.

［16］喻景生.新课程背景下单元教学研究 [D].2007.

［17］张吉敏.小学语文单元教学的策略研究苏州大学 [D].2011.

［18］田泽生.单元教学在素质教育中的作用 [J].语文教学与研究，2001（4）.

［19］覃树楠.语文单元教学模式的回顾与前瞻 [J].中学语文教学参考，2001（10）.

［20］邓玲.单元教学与学生语文素养的形成及发展 [J].语文教育研究.

［21］江志勇.单元整体教学中的有效整合探微.小学教学参考.2010.

［22］陈敏.谈谈单元整体教学的方法 [P].山东大学报（社会科学版），1987（6）.

［23］何建芬.以学定教践行深度升本——华阳小学单元整体教学的实践思考课程教育研究.2013.

［24］余琴.点击小学语文单元整组教学 [J].教学月刊（小学版），2009（2）.

［25］钱敏燕.略而不"略"谈略读课文的教学 [J].小学教学参考，2009（4）.

［26］王嵘.小学语文单元整体教学模式的研究与探索.语文·教研引领.2015（9）.

［28］徐光华.主题单元整体教学设计与实施步骤.小学教学设计.2009（11）.

［29］洛林安德森等.布卢姆教学目标分类学.外语教学与研究出版社，2009（85）.

［30］人教版语文.教师教学用书.五年级上、下册，六年级上、下册.

第四章
语文教学案例反思实践

生活中，我有个习惯，就是写日记，其实也不算是日记，是一些零零碎碎的随记，没有文体，也没有篇幅，想到哪里就写到哪里，一番整理就形成了一篇篇教育教学反思的文章，尤其是这些教育教学反思被发表在报纸杂志上的时候，内心无比激动。我觉得每一位教师都应该有个记事本，记录生活，记录班级里的事，学生的事，课堂上的事。每次写的时候就好像是和另一个自己在聊天，聊某个孩子学习进步了，聊一节有效的课堂，精彩不断……

风景，我的菜园独好！

我的生命注定在耕耘中成长，忙忙碌碌中，我经营着两个"菜园"，一个是事业的乐园，一个是温馨的家园。

成家后，我住在一个不太大，但有三间平房的小院子里。一跨进小院大门，迎面就是一片菜园。菜园不算小，东南角上有一棵蟠桃树。阳春三月，枝头便密密麻麻抱满了粉红色的花儿，比普通桃花大点儿，颜色更艳丽一些，花也是我们这个地方开得最早的，因此招来第一批爱美的彩蝶。星星点点的绿叶挤在花丛中，无论远看，还是近看，都似一幅水墨画。每年花开时，我都要在蟠桃树前留影一张，丈夫总笑我多情。如果勤浇水勤施肥，蟠桃会爬满枝头，不留空隙，压弯了树腰。当其他桃树上的桃儿才着色时，我的蟠桃已成熟了。它的样子挺可爱，扁圆形，像冬天的柿饼，最小的如铜钱大小。颜色呈水粉色，也有半红半绿的，咬一口甜中带酸，沁人心脾。桃核又小又圆，如黄豆一般大，中间钻一个小孔，可以串成手链。我收获了满树的桃儿，也收获了满怀的好心情。每年，我都会兴奋而又幸福地摘下桃来送给邻居们、朋友们品尝，共同分享收获的喜悦。

园子里的其他部分，我拾掇成了四个正方形的小田，每一块之间都有田埂，用土隆起、用手工拍平做菜地。邻居有家养兔子的，主人热心地为我家菜园提供兔粪。深秋时节，每次出去倒垃圾时便拉回一车兔粪，均匀地撒在菜园里。到了春季，一场细雨过后，便开始翻土，把兔粪翻在土壤下面，再细细拍平，它将成为孕育生命的最佳乐园。每年"五一"放假，我都要骑上自行车，捎着儿子，买来新鲜的菜苗。一进家门，就迫不及待地把茄子种在小园周围——茄子爱喝水，便于浇灌，其他三块田种上西红柿、辣椒、黄瓜。菜苗各就其位后，我每天忙得不亦乐乎！下班回家第一件事就是给菜苗浇水，一棵棵，一行行。第二天起个大早，赶紧给昨晚浇了水的菜地松土，不然晒上一天，泥土就会僵硬，不利于菜苗生长。

　　从开辟到孕育再到收获，倾注了我很多心血，但耕耘在生活的园子里是幸福的。一个热爱生活的人是积极向上、乐观豁达的。带着这样的心境我才能热衷于我所爱的事业，做一个杏林中执着的耕耘者。

　　每当走进校园，就会欣赏到另一番"葱茏"。我这个园子里的小菜苗们更需要我悉心地呵护。当学生取得成功时，我用真心送去欣赏；当学生感到失落时，我用诚心送去鼓励；当学生犯错时，我用耐心送去宽容。因此，孩子们的身心是愉快的、健康的。他们就像小菜苗一样汲取了充足的阳光雨露后苗壮成长。事业的"菜园"通过爱的浇灌，心的交融，知识的滋养，辛勤的培育，逐渐呈现出一道独特的风景：积极向上的、聪明活泼的、尊老爱幼、团结互助的……尽收眼底。此时的我，心里充满了欣喜，也带给我无限的生命乐趣。

　　播种希望，就会收获希望。我忽然想到：菜园——校园，菜苗——学生，浇水——启迪与促进，收获果实——输送人才……育苗和育人都是一个既辛苦又充实的过程，在这个过程中，需要悉心地呵护每一株小苗，给他们均等的关爱，给他们张扬的空间。在这个过程中，我不仅收获着，还享受着，它使我的生命更加丰盈。

（发表于《宁夏教育》）

给每一株野草开花的时间

　　有这样一个故事：一位隐士住在山中，他很勤劳，每年春天，台阶上的野草刚探出头便被他清理掉了。一天，隐士决定出远门，叫了一位朋友帮他看守庭院。与他相反，这位朋友很懒，从不修剪台阶上的野草，任其自由疯长。暮夏时，一株野草开花了，五瓣的小花氤氲着一阵阵的幽香，花形如林地里的那些兰花一样，不同的是花边呈蜡黄色。这位朋友怀疑它也是兰花中的一种，便采撷了一些叶子和花朵，去请教一位研究植物的专家。专家仔细地观察了一阵，兴奋地说："这是兰花的一个稀有品种，许多人穷尽一生都很难找到它，如果在城市的花市上，这种蜡兰的单株价至少是一万元。""蜡兰？！"这位朋友惊呆了。而当那位隐士知道这个结果时，惊呆的人又多了一个，他不无感慨地说："其实那株蜡兰每年春天都会破土而出，只不过它刚发芽就被我拔掉了。要是我能耐心地等待它开花，那么几年前就能发现它的价值了。"

这让我想起了那些特顽皮的孩子，说不定也有几株"稀世蜡兰"。

我们班就有这样一个叫小波（化名）的孩子。每次考试最多能考十几分，所以我们班的语数成绩合格率从未达到百分之百。无奈之下，我将他安排到了教室的最后一排，任其"自由发展"。因为我心里清楚，这样的学生，即使使尽了浑身解数也无济于事。

本学期，班里新转入一名同学，由于没有座位，所以我让他坐在了小波的位置上，小波则坐在了讲台上成了我的"同桌"。教室里"高高在上"的小波多了几分不安，尤其是那飘忽不定的眼神，似乎置身于危险境地。座位上的他总是斜着身子，一副与我隔离的样子，我有那么可怕吗？他的行为表现让我尴尬、难受了好一阵子。为了避免这种困窘，我开始试着仔细看这个学生：个头比同龄孩子小得多，一双小手满是污垢。天气很冷了，他仍然穿一双单步鞋，有时还不穿袜子，看我的眼神里似乎藏着什么，是忧郁？是恐惧？还是渴望？我逐渐地接近他，和他有了点滴交流："你吃早点了吗？""你冷吗？""你有作业本吗？""你能帮老师拿一下包吗？"他回答的声音细小而又颤抖。

在一次上以《魅力中秋》为话题的作文公开课上，在"赠送月饼"这个环节中，我向小波赠送了一块月饼，并告诉他："天生我材必有用，我们班所有的同学都喜欢和你在一起！"他先是一愣，当听到同学们热烈的掌声时，脸上顿时洋溢着傻傻的幸福的笑。渐渐地，他不躲避我了，我发现了他的变化：每天上课前，他总是把讲桌擦得干干净净，把教具摆得整整齐齐，下课后又急忙把我的包送到办公室，一到放学，就抢先从车棚里为我推出自行车，简直成了我的小勤务兵。

有一次竞选班干部，小波举手要求当体育委员。他的话音还没落，同学们都哈哈大笑了，有的男生还大声喊道："你当厕所所长还差不多。"我也有些犹豫：他能胜任体育委员吗？我决定做个大胆的尝试。我环视了一下全班学生，用征求的语气问大家："同学们，寸有所长，尺有所短，我们就给小波一个机会让他试试，行吗？"也许是我诚恳的态度打动了学生，孩子们异口同声地说："行"。在小波上任的两周时间里，我总能看见他瘦小的身影穿梭在队伍前后，不停地喊着："站好，看齐。"那些调皮的孩子不服他，连一些女生都想着法儿逗他、欺负他，故意站不好队或做小动作。每当这时，我就是小波坚强的后盾，我用眼神警告那些捣乱的孩子，还经常肯定、表扬小波的工作，帮他树立威信。我发现，无论同学们怎么与他作对、刁难他，他工作的态度与认真劲都没改变。跑操时，他跑前跑后，声嘶力竭地喊着"一二一……"很快，他的任期满了。那天，是他"值周"的最后一天，课间操整队集合、做操，同学们表现得非常好，我想一定是他的认真负责感动了同学们。

如果说是体育委员这个职位让同学们对小波另眼相看的话，那么后来的一件事让同学们彻底改变了对小波的看法。那天是学校里的晨会，班内发生了一件让人意想不到的事，学生在日记上是这样描述的："大家都在班里写着作业，突然小柏同学呕吐了，教室里顿时一股腥臭味。同学们都说'好恶心'，小柏旁边的小燕连忙跑了出去，其他同学也都捂着鼻子。只有小波同学不怕脏，到花园里铲了些土盖在呕吐物上，然后用笤帚一点一点地扫净，教室里的怪味才消失了。""过去我们都嘲笑他笨、学习差，看不起他。经历了今天的事情，我们看到了小波身上具有我们大家所没有的优秀品质。"还有同学写道："小波，你就是许地山笔下的落花生，虽然外表不好看，但是很有用。"当我在班里读这些日记的时候，教室里响起了热烈的掌声，同学们都向小波投去了赞赏的目光。

从此，我也将欣赏的目光和关爱的语言毫不吝啬地送给了小波。小波开始交作业本了，虽然他的字写得歪歪扭扭，正确率极低，但他坚持写着、交着。

我送他个鲜红的"优"，摸一摸他的头，将爱的信息传递给他，给他一份自信，一份童年的温馨与美好回忆。

苏联教育家马卡连柯说过："没有爱就没有教育。"亲爱的老师们，如果成绩优秀的学生占据了你百分之九十九的爱，请你将那百分之一的爱送给"后进生"吧！让他们也有一个温暖、快乐、值得留恋的童年。让每一株野草都有开花的时间，也许他们就是多年以后的参天大树，是花园中最亮丽的花朵。

（发表于《宁夏教育》）

幸福教室

梦想是心中的目标，是一个人生活与工作的原动力。我也有梦想，那就是创造一间属于我和孩子们的"幸福教室"——温馨优雅的班级环境，和谐融洽的班级氛围，生动活泼的班容班貌。我梦中的"幸福教室"不光是孩子们接受知识的场所，还拥有无数个鲜活的成长故事，它充分展示了我和孩子们的幸福与快乐，是我和孩子们的精神乐园。这样的教室应该凝聚着孩子们飞扬的个性和老师的独特视野与智慧。

进入"幸福教室"，一股浓浓的书香氛围扑面而来。瞧，一进门，左侧墙壁上贴着我们班的《班级责任担当表》，在我们班没有一个老百姓，全民皆"官"，班级事务长李磬，铁面无私、两袖清风；班级值勤员田帅，负责提醒同学们准备好下一节课的学习用具；练字长马新月，负责带领同学们每天坚持练习5分钟的字……"幸福班级"里，人人有责任，事事有人做，时时有事做。一张张《魅力手抄小报》就是一颗颗勤奋好学的努力之心。课间，同学们总要来到贴满小报的墙壁前，阅读它，欣赏它，相互借鉴着办好手抄报的方法，孩子们的办报能力在不断进步。

魅力图书架上面摆放着很多很多课外书，有文学类、历史类、科普类……下课后，教室变成了阅览室。课余，孩子们都沉浸在知识的海洋里。读书不但为办报提供了资料，还丰富了孩子们的知识。书架底层挂着同学们精心编制成册的优秀魅力系列手抄小报，《走进毛泽东小报》《成语小报》《歇后语小报》《多音字小报》……还有我们班的《魅力作文集》《魅力阅读卡》……

卫生角上有一条标语：你丢弃的是垃圾，我捡起的是品质。这句话是"幸福教室"的座右铭，它时刻警醒孩子们丢垃圾的行为是可耻的，因此"幸福教室"干净、整洁。

每次接手一个新班，要想和学生达到默契，班主任要做大量的工作，从智力水平、学习态度、家庭状况等方面了解学生。在此基础上组建学习小组。全班学生以6人为一组，每个小组有自己的组名，都用名人的名字命名，有爱因斯坦组、牛顿组、法布尔组、莫扎特组、萧红组等，这些名人的名字都是由学生提名列了满满一黑板，然后选择自己喜欢的名人做自己的组名。小组6人分别有编号，1号同学，2号同学……确定组名以后，6人分工，2人负责搜集名人的简介，2人搜集名人故事，2人搜集名人名言，组内每个同学选择一句作为自己的座右铭。资料齐全以后，利用美术课制作组牌，组牌正面是组名和同学的简介，背面是名人简介和名人名言。制作好的组牌挂在评比栏中，作为小组评分的第一项内容，每个小组还有一张操行评比表。从组牌挂上墙的那一天起，每天有一个组向全班同学介绍自己的组——报组名、组员，讲组员成长事迹和名人故事。从建组开始，组员的合作意识就有了，大家动手动脑，遨游学海。

为了提高孩子们的语文素养，让他们了解并记住中国传统文化中的一些经典，接受人文精神的熏陶。"幸福教室"每天都有10分钟的诵读。我们跟着视频朗诵岳飞的《满江红》，苏轼的《水调歌头》，毛泽东的《清平乐·六盘山》和《沁园春·雪》《诗经》《论语》……通过诵读教给他们做人的道理，提高他们的自身修养，在孩子们心中不断地产生潜移默化的作用，渐渐陶冶其性情，开启其智慧，让经典诵读为孩子们的一生提供营养。

孩子们都说读书犹如在看视频，我问他们为什么这么说？有的孩子说："书中的内容太有趣了。"有的孩子说："我感觉好像写的就是我们班的事。"

还有的孩子说："书里的小朋友简直就是我的同学。""孩子们，我明白了，你们对自己身边的事感兴趣，我们可以把身边的小故事记录下来，数年后，我们也可以把它编成书。"孩子们都表示赞同。于是，我们创建了班级日记——《咱班那些事》。要求孩子们写自己身边的真实事，不虚构。起先，由写作能力好的同学轮流写，每天一篇，只写发生在班级里的事情，翌日早上上课之前，由作者在全班朗读，其他同学点评，写的事情是否属实，故事是否说清楚了，等等。因为是同学们自己身边的事，是的的确确发生了的，所以有鲜活的内容可写，同学也听得津津有味，兴趣盎然。慢慢地，开始有同学主动要求写班级日记，于是，辩论赛、故事会、谜语大赛；两个同学打架了、老师发脾气了、一次惩罚……新鲜有趣的故事纷纷进入了《咱班那些事》。又有同学预约班级日记了，下周一、下周二……下下周末……习作能力弱的同学也踊跃预约，孩子们的习作能力在期待中逐渐提高。

孩子们已经把记录自己的事视为责任，他们认为自己的事情就应该自己来记录，自己不记就是不爱自己。班里每天都有事，即使这件事非常无聊，但记录下来就是精彩，就是一种幸福。

韩寒说："人生最精彩的不是实现梦想的瞬间，而是坚持梦想的过程。"我始终坚守着我的梦想。在个人的能力范围内，我最大限度地为孩子们创造一间"幸福教室"，也最大限度地提升了自己的职业幸福感。

"幸福教室"成就着我和孩子们的梦想！

[发表于《小龙人报》(教研版)]

楚红丽教授的激将法

2016年4月，我到北京师范大学参加宁夏第二批"塞上名师培养对象工程"的第二期培训，第一期培训的主要内容就是学习怎样写开题报告，第二期培训的内容是向导师汇报第一期的学习成果。当初确定课题的时候，我们小组五个人一起讨论，最终，银川市教科所的仇千计老师提出的话题——日记教学，大家很感兴趣，我们几个人都是语文教师，对习作教学、日记教学有着相同的困惑和感慨，围绕"日记教学"我们和北师大的楚红丽教授展开了讨论，最终延伸了五个关于日记教学的课题，在导师的指导下，我结合我的工作实际，确定课题《学生视角下培养日记写作兴趣的策略研究》。

汇报开题之前，我们小组和楚教授见面，交流我们的开题报告。我的开题报告被楚教授全盘否定，心里很是不快我告诉楚教授，我都已经是四十多岁的人了，教学工作那么忙，把学生教好就行了，哪来时间做课题？当我再张嘴说话时，她很严肃的制止，毫不客气地说："丁老师，请你再不要说了，你太负能量了，太负能量了，丁老师，四十岁怎么了？我告诉你，工作养人，你能到北师大参加'赛上名师'的培训，就是因为工作，女人因工作而美丽！"楚教授的一席话说得我无地自容，我自认为我在学校从来都是正能量，怎么到北师大就成负能量了？走出楚教授的办公室再思量她的话，的确很有道理，我能几次走进北师大这所高等学府，与博士生导师以及一些权威专家面对面交流，都是因为工作，是工作给我的机会，所以感谢工作，是工作滋养女人，让我们工作着、忙碌着、充实着、美丽着，我们可以光鲜亮丽，可以气质优雅。李希贵校长说："没有幸福感的老师就不会培养出幸福感的学生。"

离开导师的办公室，回到宾馆，我开始加夜班，查阅资料，反复阅读我的开题报告，大刀阔斧地进行修改。整整一夜，楚教授的话一直萦绕在我的耳边，刺激着我，同时也激励着我。第二天早上的开题汇报，有两位导师现场指导，虽然一夜未睡，但我精神抖擞，当我陈述完开题报告，两位导师笑了，她们一致认为我的课题很有研究的价值和意义，接地气，值得研究。楚教授说："丁老师，你是下了功夫的，改动这样大，真不错。"她又问我："若按照你的策略去研究，如果仍然有学生不喜欢写日记怎么办呢？"我说："那就再想办法改变策略，我有一百个学生，有九十个学生能养成日记写作的习惯，我觉得我的研究可以算是成功的吧。"

在北师大的两期培训，我最大的收获就是怎么做课题研究，之前虽然参与过课题研究，也主持过课题，但经过这次学习才发现，之前的开题报告很不规范，不懂得怎样检索文献，也不知道检索文献的作用和重要性，不会拟定研究目标和内容，即便是课题立项了，也不知道怎么去实施研究。现在基本明白了，做一个课题研究可以从三个方面去考虑，首先，为什么做这个课题，也就是研究背景；其次，研究什么，就是研究内容；最后，怎么研究，就是研究方法。抓住这三点，不论是写开题报告，还是实证研究，都不会再迷茫了。

从北师大学习回来的第二天，正赶上宁夏回族自治区"百标"课题申报，我的课题《学生视角下培养日记写作兴趣的策略研究》立项了，这个课题的立项对我的激励很大，做教师不难，难的是做学习型教师、研究型教师。教师不学习，思想就会落后、理念就会落后，是教不好学生的。

主动性有了结果会好

——聆听陈博士的讲座有感

沐浴着色彩绚烂的春光，我又一次来到北京师范大学，将自己浸润在浓浓的充满文化气息的京师校园里，这对于没有上过大学的我来说，是一件无比神圣的事情，我很珍惜这样的学习机会。

这次培训学习主要是汇报第一次学习的成果——课题的开题，我们小组在北师大英东楼楚红丽教授的办公室与导师见面，聆听她对我们的课题辅导，我承担的课题是《学生视角下培养日记写作兴趣的策略研究》。我记得很清楚，那天晚上，楚教授问我的课题最大的困难是什么，我说是"学生视角"把我难住了，在楚教授的点拨与指导下，我总算是弄明白了。在修改的时候，删去了我之前的调查问卷以及问卷结果分析，重新改变了研究思路，改用访谈的形式，又设计了四份访谈提纲，开题陈述的时候也得到了导师的表扬。

开题结束后又听陈锁明博士的《"十三五"教育挑战与应对》很是感动。陈博士讲"主动性有了结果会好"。他问我们在座的能叫出培训班里40个人的名字吗？没有举手的，"能叫出20个人的名字吗？"还是没有举手的，"那你们这几天都干吗了？"大家哈哈大笑。陈博士告诉我们，什么是培训，培训就是认人、学词、养神。他说，我们每个人要主动与身边的人交流，我们这个培训班里的校长和老师都是从宁夏各地各校层层选拔上来的优秀人才，每个人都身怀一技，是多么好的资源，这样的资源要利用起来，只有在这样的培训活动中才有机会交流、相识，培训结束，各回各的学校，又是谁都不认识谁了，想聚在一起也是不可能的事。陈博士当场让我们坐在一起的前后左右的老师们相互握手，问问对方的名字，也把自己的名字告诉对方，抓住机会成就自己。教室里一下子热闹了起来，陈博士告诉我们要会用资源。

陈博士还讲道："过程完善了结果不会差"。作为一线老师，应该常常思考，学生的成绩到底应该怎么来，系统思考。旧课、新课、复习课、试卷讲评课怎么上才有收效。新课之前的预习策略，提10个问题，5个与教材相关，5个超越教材。围绕教材能提5个问题，说明学生对教材内容已经非常熟悉，如果还能提出5个超越教材的问题，已经是高于教材，走向拓展空间，培养他们自主学习的能力，搜集、处理信息的能力。每篇课文都这样预习，再到教学，学生的语文学习能力就很高了。复习策略，老师讲完留两三分钟时间，让学生思考，老师讲了什么？练习策略，种子题，一道题目，举一反三，有自己的习题集、错题集，学生和老师各有属于自己的习题集和错题集。

陈博士讲到了学生的核心素养。2015年3月颁布的《教育部全面深化课程改革落实立德树人根本任务的意思》中提出"核心素养体系建设"，这个概念正成为新一轮课程改革深化的方向。中国学生的核心素养有：社会责任、国际理解、人文底蕴、科学精神、审美情趣、学会学习、身心健康、实践创新。

核心素养是三维目标的升级，我们在今后的教育教学中一定要重视对学生的核心素养的培养。课堂教学要把时间权还给学生，固定课时走向长短课时，由于课堂是老师走向师生共享的，学生是学习的主人，老师仅仅是组织者、引导者、搞服务的。把学习权还给学生，从教为本走向学为本，教会走向学会、会学。给学生教会的不仅仅是教材知识，而是要教给他们课程知识，学习的方法，培养他们学习的能力，解决问题的能力。把话语权还给学生，学生会倾听、会提问、会表达、会分享。把探究权还给学生，课堂需要间接经验，也需要直接经验，体验教育很重要。把评价权还给学生，单一评价走向综合评价，师评到多主体评价，坚定性评价走向过程性、改进性评价。把方法教给学生，告知走向探知，探知走向求知。

本次培训的收获是颇丰的，心动不如行动，学习到的新理念一定要落实到自己的教育教学工作中，还要在同领域中起到引领作用。

上"吃喝"课，写"真"作文

一次外出培训学习，讲课老师给我们讲她的"吃喝"课，就是在课堂上先吃喝，然后写作文，给学生创设习作素材，这种新的课堂教学方式给我全新的感觉。

于是，我也尝试上一节"吃喝"课，以什么为理由呢？酝酿一番之后，我决定以"老师请客"为主题。上午临放学时，我有意给学生撂下一句话："今天下午老师请客。"他们先是一愣，继而像喜鹊窝里捅了一扁担，有个学生大声喊："老师，请啥客？"我看了他一眼，笑了笑，没吱声。又有一个学生大声喊："肯定是老师要想给我们在语文课上上体育吧。"因为我常带他们在语文课上做游戏。小家伙们的心不能平静了，我偷偷地看他们的神情，一张张充满疑惑的小脸，我已经预料到这节课的效果了。

下午第一节课正巧赶上教育局的领导来检查工作，要听我的课，我大胆尝试了一节以活动创设情景的作文课。

师：同学们，今天早上老师给了大家一个许诺，还记得吗？

生：老师说要请客。

师：是的，有的同学缠着问老师为什么请客？请什么？我没告诉他们，于是大家纷纷地猜测着，那你们都猜到了些什么？能告诉我吗？

生1：我想可能是上周我们班得了流动红旗，老师请客。

生2：中秋节快到了，老师请客。

……

师：看来，同学们都猜不透老师的心思。教师节上，老师被评为优秀教师，是同学们的勤奋好学、刻苦努力给了老师努力工作的动力，所以老师的工作才这样优秀，老师要请客。

"请客"开始。首先，我让他们闭上双眼，我发放提前准备好的糖果，孩子们四人一组，悄悄地倾听糖果碰到桌子上的声音，他们笑嘻嘻的，有的小声说："好像是枣子吧。"有的干脆偷偷睁开一只眼睛看，孩子们可爱的神情让我预测这节课的效果应该不错。接着，当孩子们睁开眼睛的一刹那，教室里一片尖叫声，他们兴致勃勃，垂涎欲滴，其实这些孩子根本不缺零食，但是以这样的方式，在课堂上与小伙伴们同吃老师请客的零食，所以他们兴奋不已。我让他们先闻味道，吊他们的胃口，让他们有真实体验。

吃的时候更精彩，小嘴一张一合都透着他们的天真与可爱，边吃边夸耀自己的糖果好吃，诱得其他同学相互抢着吃，教室里看起来一团糟，其实乱中有趣，乱中有情。同学们一副得意、愉悦的样子，我更得意更愉悦，因为那天诞生了一篇篇透着真情实感的作文。

在这堂课上，我创设了真实的生活情境，让学生参与其中，通过观察、体验、感受，有"真做"，有"真为"，见到"真景"，产生"真情"，生发真感受，积累较典型的习作材料，真正做到"以我手写我闻""以我手写我见""以我手写我想"。

老师的蜜糖
李晓琪

今天早上，老师神秘兮兮地对我们说："下午我请客。"说完便留下一团迷雾，同学们便七嘴八舌地议论起来，"老师请客，吃饭还是……？"也有些人说："老师请客？老师为什么请客？有什么好事呀？"

下午，同学们带着满腹疑问走进教室，预备铃响了，可老师还是不露面，同学们心急火燎地等着，有些同学东张西望，有些同学按捺不住干脆跑到门口，悄悄地张望着走廊，过了三四分钟，一个熟悉的身影突然出现了，老师轻盈地走进教室，满面笑容，还带着一些诡异，她手里提着一个塑料袋，神秘的礼物应该就是它吧，老师走上讲台，一本正经地听我们诵读古诗，我们猴急猴急地诵读后，老师让我们闭上眼睛等，过了几秒，不行，我得偷偷看一看，我把眼角顶起一条小缝，就听见魏源小声说，老师发的是糖，我偷偷瞄到了白浩明的桌子上放着花花绿绿的各种小"石头"、山楂、枣子——

看着老师神情专注而那么慈爱地往每个同学的面前搭配着她的礼物，我感到老师的身影一下子变得好高好大，突然间我感到好幸福，为有这样的好老师。闭上眼，我幸福地等待老师走近我的那一刻，近了、近了……那熟悉的脚步，"当当"随着阵阵糖果落下的声音，一股股暖流涌进了我的心田——我沉醉着。

过了一会儿，老师愉快地说"：可以睁开眼睛了。"我迫不及待地睁开眼睛，映入我眼帘的是黄色的"金子"，绿色的"宝石"，同学们开心地抓起老师的礼物，尖叫着，馋嘴的同学早已忍不住丢一颗在嘴里细细品味起来。

老师喜滋滋地看着我们，眼里满是满足与期待，我轻轻地拿一粒放进口里，顿时一股香甜浸透了我身体中的每个细胞，啊！老师的表情比我们吃了糖还要甜呢！教室简直成了一座甜蜜的糖果屋了。

后来，老师告诉我们她被评为优秀教师，开心所以请客，老师还说是我们刻苦勤奋，努力学习的精神给了她努力工作的动力。其实不用老师讲我们也知道，老师永远是我们心目中最优秀的老师。

一堂难忘的甜蜜的课！

"逗趣"识字趣味浓

托尔斯泰说过："成功的教学所需的不是强制，而是激发学生的兴趣。"捷克教育家夸美纽斯说："兴趣是创造一条欢乐和光明的教学环境的主要途径之一。"由此可见，兴趣对教学的成功起着导向作用。所以，教学中培养学生的学习兴趣，并促使兴趣成为鼓舞和推动学生主动学习、获得知识、开阔眼界、丰富心理活动的动力。让学生对学习本身产生兴趣，而且使这种兴趣随着年段的升高而更趋浓厚。

每位教师在培养学生学习兴趣的策略各有招数，"逗趣"也是不错的方法。

记得有一年"六一"前的一段时间里，孩子们的心一直处于兴奋状态，因为他们准备过自己的节日。班里大部分孩子参加节目排练，不参加排练的少数孩子，人虽然坐在教室里看书、练字，但是那点小心思就像长了翅膀，跃跃欲试。作业糟糕透了，答非所问，生字多写一笔，少写一笔，家常便饭。我干脆就把语文课变成朗读课、写字课，只读课文、只写汉字，为了能让他们的小心思回到课堂，我使出了浑身解数，一边逗着他们乐和，一边学写生字。

我们写"陪"字，先观察它在田字格中的占格，然后书写，我问学生："同学们，这个字有个双胞胎妹妹，你们猜是谁？"一阵喧哗后，有孩子说是"部"，我把"部"写在"陪"的右侧，忽然又有个孩子喊道："是'陪'在照镜子。"

"哎呀，它真的是在照镜子！"

"同学们，'陪'字他们家还有很多亲戚呢，你们想想都是谁？"

"培"。

"倍"。

"剖"。

"哇，它们家的亲戚真够多呀！"

孩子们快乐地哈哈大笑，我接着说："那，咱们把它们家的亲戚都写在它的旁边，可千万别漏掉哪一个哟，不然，它会不高兴的。"孩子们兴奋得乐开了花。

教学书写"趁"字时，更有意思了，还没等我问，他们已经按捺不住了，"老师，我知道他们家的亲戚是谁？"

"是吗？都有谁呢？"

接下来七嘴八舌了，"赶""起""珍""趣"。

"老师，还有赵博静同学的'赵'。"

"老师，还有费越同学的'越'。"

赵博静和费越两个同学美滋滋地合不拢嘴了。

写到"霞"字的时候，孩子们直接疯狂了，孩子们惊讶地喊道："老师的名字里就有这个字！"

"对呀，这次，我就要考验你们爱不爱我了，爱我就把'霞'字写漂亮！"我的话逗得孩子们笑得前仰后合，整个教室沸腾了。孩子们争先恐后说带"雨"字头的字，我让他们自己上黑板写，不一会儿，就写了满满一黑板：雷、震、雪、霜、雹、电，后来，又从同学名字当中发现了几个，丁霄阳、马霖轩、李雪菲。

马萱哇了一声："丁老师，你们家亲戚真多啊！"

"是，这都是我们家亲戚，你们可要记住它们呀！"我指着那几个字，一一介绍："这位是我大姨，这位是我二姨，那位是我大姑、那位是我大舅……"孩子们笑出了一首欢快的歌，一曲快乐的交响乐。

当我走下讲台，看他们写的字，正确、规范、美观。

有人说："兴趣是一个人力求接触和认识某种事物的一种意识倾向，是发展智力、培养能力的重要因素。"它可以打开情感的闸门，点燃灵感的火花，开拓思维的灵犀。兴趣是最好的老师，只有学生产生了内在的兴趣，他们才会积极主动地去研究、去探求，才会产生强烈的动力，发挥聪明才智，进而养成习惯，培养能力。逗趣识字虽是偶然，却达到了目的，不露痕迹，师生共同拨弄起"趣"的琴弦，谱写"理"的音符。

所以，教学力求激发学生的学习兴趣，逗趣也是很好的策略！

我的好课观

什么样的课才是好课，其实是没有评价标准的，薛法根老师说："好课美在简约！"于永正老师说："教语文，其实很简单！"用感性的、直观的方法来认识或评价一节课的优劣，是最方便、也是最适用的。

一、教学目标要聚焦

明确学段目标，单元目标，在此基础上制定单篇课文的教学目标，单元教学目标是针对一个单元内所有教学内容的，具体到每一课的训练点不一样，所以每一篇课文的教学目标要根据单元语文要素、课后练习和学情进行设计，避免空泛化、随意化、偏离化。教学目标不是教案中的一个符号，制定教学目标的时候就要想到怎样落实目标。一堂课上完了，再回过头来看看我们的教学目标达成了没有。

二、教学内容一目了然

课时与课时内容划分要清楚。就语文课来说，认真研读教材，按《教学用书》中的教学建议进行课时划分并实施教学，第一课时教什么？第二课时教什么？也可以根据学情划分课时。在有些公开课或者竞赛课上，我们看到，老师总爱把两个课时压缩到一节课来完成，有的课导入是第一课时的，但是教学内容又是第二课时的。老师总想把一篇课文的所有精彩都展示给听课老师和评委，这样的课就是蜻蜓点水，浮光掠影，隔靴搔痒。依据教学目标划分课时，确定教学内容，设计学习活动。课堂上主要看的是学生学到了什么，以学生学得怎么样来评价老师教得怎么样。

三、课堂细节落实到位

1. 导入开门见山即好，不要舍近求远

课堂导入要为本堂课的教学内容服务，为进入新课做必要的铺垫和引导，不管你设计什么样的导入都是"开始"前的"预热"，与本节课的教学内容前呼后应，就如同写文章，第一自然段要引出下文，所以新课导入不要设计得过于复杂、华丽，占去太多的时间，也不可云遮雾罩，把学生弄得晕头转向。

《城市之肺》一课的导入，教师选了几名学生吹气球，然后问学生，吹气球用的是什么？学生回答"肺"，今天我们学习《城市之肺》，老师的用意是引出"肺"，但是导入和本节课的"城市之肺"缺少关联。

2. 课堂上，允许学生沉默

课堂上，如果老师一提问，学生就纷纷举手，有两种情况，一种是老师所提的问题没有思维含量，不需要深入思考就能回答；一种是老师明知故问，为了装点门面。凡是有思维含量的问题，都需要学生经过深入的学习、思考才能得出结论。没有任何难度和思考价值的问题，不利于学生的思维发展。学生要思考，要组织语言，是需要时间的，我个人觉得课堂上学生沉默的时刻才是最有价值的时刻，此处无声胜有声。其实，学生酝酿的过程也是教师下一步教学指导的过程，急于求成的教学难免会蜻蜓点水，出现夹生现象，半生不熟。给学生足够长的时间独立思考，课堂就远离了浮躁与肤浅。

3. 课堂上，把话语权还给学生

有些课堂，老师讲得太多，一言堂的现象比较严重，整堂课只有老师的声音，老师讲，学生听，学生只是倾听者。老师的语言表达已经很好了，普通话标准，声音美，学生相对弱了些，要让学生参与交流、表达，课堂上减少齐读和齐答。课堂的精彩不在于老师，而是在于学生。老师说的话太多，会干扰学生的思路，禁锢学生的思想。

《城市之肺》课堂教学中有一个环节，老师出示了破坏环境的一组图片让学生看，学生看的时候老师又开始喋喋不休地解释，这就是干扰学生的思路。让学生一边看一边思考，每个人的想法是不一样的，不要禁锢学生的思想。

尤其是学生在默读、思考的时候不要有老师的话外音。

把课堂交给学生，把话语权交给学生，但老师不能袖手旁观。

班会课《走进父母》，两个学生主持，班主任在一旁站了一节课，下课时上台总结。班主任袖手旁观，虽然能看得出，课的背后是老师的付出，但也要看到课堂上老师做了什么，引导、点拨、纠正。对学生的交流做引导，有的学生欲言又止，她有想法但是表达不出来，需要老师的点拨，或者学生的表述不太准确，需要老师的纠正指导。

4. 让学生用笔来思考

"不动笔墨不读书"，这是教给学生读书的方法。苏霍姆林斯基说过："孩子的智慧出在手指尖上。"用笔思考就是要求学生边读书，边用书面文字及时记录自己的阅读理解与感悟，阅读时的圈圈点点、勾勾画画，展现的是学生的思维路径，他们为了一个词或一句话在冥思苦想，用笔思考就是让每个学生都经历思考的过程，拥有属于自己的话语，从而打破了课堂上只有少数学生独占话语权的局面，所以，教学中多安排学生动笔，有了用笔思考和表达的过程，学生的交流就不再是简单重复的几个词语了。

5. 让学生在语言的精妙处驻足

一篇课文，学生读过几遍之后，大体上能了解课文的思想内容，课文当中的精彩语言也就那么几处，含义深刻的句子，经典的细节描写，都值得我们咀嚼与品味。不要把课文支离破碎，讲得面面俱到，一堂课下来，似乎什么都教了，又似乎什么都没有给学生留下。一堂课就四十分钟，精心选择教学内容，要有取舍，在集中有限的时间让学生潜心揣摩，领悟其中的滋味，使语文教学删繁就简。精彩的内容让学生学得充分一些，扎实一些，学有所得。不要让教学流于形式，面面俱到，走马观花，浮光掠影，蜻蜓点水。这就要求教师有解读、审视教材的能力，去发现教学核心价值的精妙之处。

四、教学方法简约

一堂语文课的好坏，不在于问题的多少，而是看问题有没有价值，在于学生有效思维时间的长度。主要体现在重难点的教学，可以把几个小问题整合设计一个主问题，让学生围绕问题自主、合作、探究学习。

学生通过自主学习能解决的不用合作学习。合作学习一定是在自主学习基础之上的，是学生通过自主学习不能解决的需要同伴的帮助，这时候才需要合作，然后讨论探究。合作学习不是课堂的一种时尚，用了就是新理念，不用就是老教法，如果这节课的教学内容简单，不需要合作，就不用合作学习。

主问题教学的模式是通过找相关段落，画出重点句子，圈出关键词语。理解感悟从理解词语开始，理解词语是理解段、篇的基础和前提，因此，词句训练是识字之后的另一个重点，在低年级着力抓实词句教学，才能使中高年级阅读能力螺旋式提升。

句子的理解训练，主要是要借助朗读，"书读百遍，其义自见"，以读促悟，读中感悟，每个孩子的理解能力不一样，让孩子们把自己的理解通过朗读表达出来。有时候可以降低难度，如"我们猜一下它是什么意思？"不要迫不及待地把词语的意思、句子的意思出示在大屏幕上。课堂上，老师"懒"一点，学生就会"勤"一点，一名"懒"教师会培养一班勤学生。对于学生错误的理解，老师做个引导、点拨就行。

词句都理解了，段的理解、全文的理解不攻自破，就是这么简单，不要搞得太复杂。课文只是个例子，学生通过一篇课文要学到什么才是最重要的，教师教给学生的是学习方法。

总之，一堂好课，要以生为本，以训练为主，以鼓励为主。语文教学离不开字、词、句、段、篇；离不开听、说、读、写；离不开理解、感悟、积累、模仿、迁移的实践活动，这就是语文的味道。

教课文，还是教语文？

阅读吴中豪教授的文章《教课文，还是教语文》感触颇深。

吴教授举了一个案例：两位教师同教《太阳》一课，前者的教学目标是，认识说明文的阅读方法、策略，后者的教学目标是研究太阳的远、大、热的特点，以及太阳与人类的密切关系。这就是不同的语文教育观念，不同的语文观念导致了学生不同的语文能力。读了吴教授的文章，我才知道"课程内容"是为达到课程目标而选择的事实、概念、原理、技能、策略、态度、价值观等要素。"教材内容"就是传递课程内容的凭借，课程内容是指"教什么"，而教材内容是"用什么来教"。《太阳》的特点和与人类的关系是教材内容，说明文的阅读方法是课程内容。

小学语文的课程内容是学生学习语文必须掌握的，可以终身受用的知识、语文方法和技能。这些知识、方法和技能应该是相对稳定的、不可替代的。比如，汉语拼音、标点符号、常用汉字；查字典的方法、查找资料的方法、阅读文章时圈点批注的方法；记叙描写的方法、简单的文章结构方法，以及为掌握这些知识和方法而展开的听说读写技能训练等。

教材内容是不稳定的，是可以代替的。叶圣陶先生都说了"课文只是个例子"，这充分说明教材内容是可以代替的。我们上语文课，条分缕析，逐句逐段地讲解，生怕学生听不明白，正如吴教授说的："语文课把大量的时间放在课文思想内容的解读上，这是造成语文课效率不高的直接原因。"我们翻来覆去教课文，教教材，没有教课程内容，学生学不到学习语文的策略方法，也没有掌握语文技能。正如我们的测试卷中的"缩写句子"题，学生要掌握如何才能将句子缩到最简单的方法，就要清楚，句子最终的成分是：谁？干什么？将句子中的"的、地、得"前面的成分删去，掌握了这样的方法，就不会出现"哎呀，这个缩句没有训练过"。反问句改陈述句的方法：有"不"

去"不"，没"不"加"不"，去掉反问词"吗""呢"，把问号变成句号。词语搭配，"地"后面是动作的词语，"得"字后面是修饰性词语，"的"后面是名称的词语。

学生为什么学不好语文？是没有掌握学语文的方法和技能，语文技能是需要训练才能掌握的。有的教师一见到考试卷子就吐槽出题人抓不住重点，他们认为的重点是什么呢？就是课文的重点段的分析，关键句的解析。阅读是个性化的，老师们让学生把一些重点句子的理解抄写在书上，背会，等着考试。考前复习复习再复习，一篇课文一篇课文地复习，可是复习过的内容一个都不考，什么原因？教师教的是教材内容，试卷考的是课程内容，怎么能考好呢？

读了吴教授的文章，我才恍然大悟，听君一席话，胜教十年书。我也真正明白了：教课文就是把课文内容当教学的主要目标，而教语文是以课文为"例子"，教学生学习语文知识，掌握学习语文的方法，具备语文技能。

读《教语文，其实很简单》有感 ①

常言道：茶亦醉人何必酒，书能香我不须花。我们渴望读书，渴望获得知识。作为教师，从书本中获取知识就显得尤其重要，教师需要加强各方面的修养来提高自己。所以，理应多读书，用书来净化心灵，用书中的知识充实自己。

阅读李振村和杨文华主编的《教语文，其实很简单》，书中收录了21位名师、专家的演讲录，其中有专门研究小学语文教学的高级教授，有全国著名的特级教师，也有在一线的青年教师。每个人的演讲观点都非常鲜明，说理透彻，带你从各个角度认识语文教学的真谛，了解语文教学的规律，进入简单高效的语文教学之门。每个人的演讲都启迪我的教育教学工作。

---

① 李振村，杨文华.教语文，其实很简单 [M].福州：福建教育出版社.2012.12：2~9.

于永正老师的《教语文，其实很简单》和编者一样，"教语文，其实很简单"，话从于老师这样大师级人物口中说出来当然是很恰当的，但对于一线的普通老师来说，教语文，真的很简单吗？

阅读了于永正老师讲的几个案例，终于懂得：教语文，不难。

案例一：山东省高密市第一中学语文的高考成绩总不尽如人意。李希贵先生出任校长后，实施了一个名叫"语文实验室计划"。"计划"规定：高中每星期的六节语文课，两节由老师讲，四节放手让学生读书（包括读课外书）。老师只讲教材的精彩之处，表达的方法和语文知识。一位教高一的语文老师不以为意，悄悄推开教室门，对读书的学生说："别听李校长那一套，不讲怎么行呢？"于是又讲起来。此事被李校长知道了，于是他请高一的老师，出一张语文试卷，让他读小学六年级的儿子和读初中一年级的侄女也参加这次高中一年级的统考。结果，李的儿子考了83分，侄女考了84分，均高于平均分（那次考试的平均分是80点几）。李校长笑问："我们讲了那么多，有用吗？"老师们默然。

精讲，多读，居然就成了！教语文是不是很简单？

我幡然醒悟，我们在课堂上大讲特讲，把课文掰碎了讲，真的毫无意义，耗时低效。于老师讲的这个案例中提到的精讲，"老师只讲教材的精彩之处，表达的方法和语文知识"，学语文就是学会这个，这就是课程目标，"两节由老师讲，四节放手让学生读书（包括读课外书）"，语文就是阅读量的比拼，学语文就要赢在阅读量上，读得多就必然懂得多。

案例二：中国人民大学教授、红学家冯其庸先生读到小学五年级时，由于抗日战争爆发，无学可上了，只好回家务农。书包里装的一本从学校借来的《三国演义》，成了他唯一的读物。他不知读了多少遍，以至于许多回目都能背下来了。他一边务农，一边继续找书读。其间读了《论语》《孟子》《古文观止》等名著。有的似懂非懂。17岁那年，他在哥哥的支持下，考取了镇上办的中学老师。教语文的丁约斋老师说冯读的书比别人多，悟性好，说他肯定是"书香门第"。冯先生说，他是真正的"稻香门第"，甚至是"饥寒门第"。

丁老师对冯其庸十分器重，这使冯很受鼓舞。冯先生说，丁老师有三句话深深地影响着他。一句是："读书要早，著书要晚。"冯先生后来虽然又被迫辍学，回家务农，但读书仍不间断。第二句是："读书要从识字开始。"第三句是："写好了文章自己要多看几遍。"

冯其庸先生说："我现在快八十岁了，回过头来想想，丁老师的这几句话，仍旧是对的。我现在无论是读书和写作，总是不敢忘记这几句话。而且总觉得自己读书太少，自己的古文学的功夫太差，自己写好的文章更要多看几遍，五到十遍才敢放手！"

教语文，一是赏识学生，二是启发点拨，教给方法。教语文和学语文一样，都是一个"读"字——多读书。从老师这个角度上说，要激发兴趣，教给方法，教学生多读书，从学生这个角度上说，自己要多读书。

案例三：《小学语文教师》副主编李振村先生出生在山东沂蒙山区的一个小村庄里。升入小学五年级，教他语文的是一位叫徐宗文的京剧演员。这位"门外汉"，不会讲解，但会朗读。这不奇怪，因为他文化底蕴深厚，能说一口流利动听的普通话，又是演员，感情丰富且又善于表达。山村的孩子们第一次听到这么纯正的普通话，第一次听这样声情并茂的朗读！李振村被徐老师的朗读感动得泪流满面。讲解只能使人知道，而朗读能让人感受——感受文章中的人、事、物，感受语言文字，让语言文字在学生心中活起来。这位老师还经常朗读课本以外的优美文章给学生们听。下雨了，教描写下雨的诗；下雪了，教描写下雪的诗。学了，就叫背。李振村痴迷语文了。徐老师看李振村作文写得好，说："一个未来的作家将在我们村里诞生！"并偷偷送了几包书给李振村读。徐老师在李振村幼小的心灵里播下了梦想、憧憬和向往的种子。李振村一头扎进书堆里而不能自拔。在那个文化荒漠的时代，他竟读了五十多部长篇小说，包括我国古典四大名著。1981年高考，李振村数学虽然只考了40多分，但语文成绩优异，被山东大学中文系录取。现在，他真的成了作家，人刚到中年，便著作等身。

李振村深有感触地说："教育的一个重要使命就是要让孩子充满梦想和激

情，这比学到多少知识更为重要。有了憧憬和向往，人的心里才会变得格外纯净，人的情感才会变得格外丰富，人才能热爱阅读，热爱学习。"教语文就是让学生充满幻想，充满对未来的憧憬。

案例四：高林生考入师范时才15岁，是个穿大裤衩的孩子。一天到晚手拿竹板或月牙板（说山东快书用的铜板），说着、唱着。长篇山东快书《武松打虎》、长篇快板书《奇袭白虎团》，他说得栩栩如生，活灵活现。数理化成绩勉强过得去，数学偶尔还考不及格，但语文成绩优秀，可是即使上他比较喜欢的语文课，也很少专心听讲。干什么呢？偷看课外书。因为——用他的话来说——课本中的那些古文、古诗，小时候就会背了，课本中的现代文，看一遍就差不多记住了，所以就不想听老师说了。每次考试，语文成绩都名列前茅。

高林生幼承家学，在父亲的管教下，《古文观止》中的多数篇目都背下来，而且至今不忘。高林生说，他父亲教他的方法很简单，给你一本带注释的《古文观止》，给你一本字典，学去吧！读懂个七八分，就背诵。那才叫真正的"自主探究"呢！背不下来，不给饭吃，有时还打人。林生说："我小时候贪玩，坐不住。老爹不得已才打几下。但戒尺对我确有震慑作用。"我打趣说："看来光有要求不行，还得有得力措施。'不打不成才'，这话至少对你适用。"高林生嘿嘿一笑，说："这叫因材施教！开始是老爹逼着读书，后来尝到了甜头，对读书有了兴趣，不叫读也读了。"这是真话。林生现在家里四壁皆是书，可谓坐拥书城。他的学问真是自己读出来的。

教语文，严厉管教。对不愿读书的学生，老师要采取点强硬措施，他们一旦尝到了甜头，有了兴趣，养成了习惯，必要的管教是少不了的，该严的还要严，孩子毕竟是孩子。

案例五：是于永正老师自己的故事。他是在山东老家读完了小学，业后才到了徐州。他们山村老师的教学方法绝对是"原生态"的。到了四年级，张老师还一句一句地领着读课文，所有课文都要求背诵。到了五六年级，徐老师和白老师都是串讲，串讲完了，分段、写段落大意、抄中心思想。但和张老师一样，多数课文也要求背诵。《开国大典》《铁脚团长》《火烧赤壁》都要求背。

从三年级到六年级，每天写一篇大楷，四行小楷。作文都是用毛笔抄写的。到了高年级，白老师特别重视课外阅读，那时画书（即连环画）很流行，《新儿女英雄传》《小英雄雨来》，古典四大名著都有画书。看了画书，便想看原著。他读的第一本是《三国演义》，似懂非懂地读。遇到"诗曰"，"有诗赞之曰"就跳过去。他从小就觉得读书是一件非常愉悦的事，有书必读，就像牛一样，是草就吃。读初中一年级时，他受到李老师的启迪和激励，萌发了当作家的念头。心中有了梦想，有了憧憬，读书便由兴趣变为一种志趣，成了一种追求，一种自觉。那时，他经常到父亲的办公室里读报，时间长了，竟一天不读报便像缺失了什么似的，小小年纪又养成了读报的习惯。

所以，教语文，就是培养学生阅读的习惯。因为，语文能力是长期读书积淀而成的。

案例六：龙口实小的孙宝书校长搞了一个"大量读写，双轨运行"的实验，他的办法简单得多，却取得了惊人的效果！教学方法也不复杂，就是"大量读写，读写结合"。朱作仁教授考察过龙口实验小学后说："别小看了'大量读写，读写结合'这八个字，这是教语文，也是学语文的规律啊！"

真的，只要我们让学生"少做题，多读书，好读书，读好书，读整本的书"。只要抓住"读写"这两条线不放，即按照教语文的规律去做，谁都能把语文教好，谁的学生都会有好的语文素养。

从于老师的案例中，我们可以受到很大的启发，教语文，很简单，就是读书、认字、写作文，作为老师，对学生要负责。例如识字、写字，必须读正确、写正确、写规范，不放过一个读错、写错的学生。读书，每个学生必须做到正确，流利，这是"保底工程"，达不到这个要求的，决不放过。至十读得有感情，则因人而异了。再如读课外书，背古诗文，必须认真落实。只要老师认真，多数学生还是能完成老师布置的作业的。

以传统节日创设情境写作文

——《魅力中秋》习作教学设计

【学习目标】

通过"诵诗词、讲传说、品月饼"的活动体验，弘扬传统文化，感受传统文化的神奇魅力，积淀传统文化的底蕴，学会关注他人的情感和观察生活的能力。

【活动准备】

1.学生通过多种方式收集关于中秋节资料，如：中秋节的来历、各种民间传说、当地习俗、中秋节诗词、歌谣等，做好笔记。

2.教师与学生均准备几块月饼。

【教学过程】

学习活动一：讲"魅力故事"，诵"魅力诗词"

（一）谈话激趣

师：前几天，老师给大家许了一个诺言，是什么？

生：今年老师要和我们一起过中秋节。

师：是呀，可是老师又不忍心剥夺你们和爸爸妈妈一起过中秋的权利，再说，中秋节那天学校里要放假的，老师到哪儿去找你们呢？所以老师有个想法，提前和大家一起在教室里过中秋节，叫"魅力中秋"怎么样？

（二）交流资料

1.关于中秋，有很多传说，你搜集到了哪些？能与大家交流交流吗（学生交流）？

2.关于中秋节的传说还真不少。大家知道，中秋节要赏月（课件出示月亮图）。快看，一轮明月升起来了。

师（吟诵）："明月几时有，把酒问青天。不知天上宫阙，今夕是何年……人有悲欢离合，月有阴晴圆缺，此事古难全。但愿人长久，千里共婵娟。"

师：自古以来，一些文人墨客赏月作诗，寄托自己的某种情感，写出了脍炙人口的诗篇，你们积累了哪些古诗名句呢（学生交流）？

学习活动二：赠"魅力月饼"，品"月饼魅力"

同学们，这一个个小小的月饼不仅仅是代表中秋的食品，更是情感的联络员，它连接着亲情、友情、师生情、同学情。今天，就让我们把代表各种情谊的小月饼赠给老师、同学、朋友吧。

（一）赠月饼

1.教师给学生赠月饼：赠给缺少关爱的弱势学生，还要说出理由，被赠学生谈感受。

2.同学互赠月饼

指名几个学生说话：准备赠给谁？为什么？说完后当场赠月饼。

教师有意识引导：（友情最深的、最敬佩的、最喜欢的、最感谢的、有矛盾的……）

（二）闻月饼

1.先闻一闻，轻轻地放在鼻子上，先让鼻子先睹为快，感受它的美味吧。

2.猜月饼的味道（想想你的月饼会是什么味儿的？）。

（三）品月饼

师：有些同学迫不及待了，口水都流出来了，真的有人在咽唾沫了，老师不吊你们的胃口了，现在开始品尝月饼了。

学生开始吃月饼，老师也参与其中，师生边品尝边聊：

提示：（1）观察吃相；（2）此时此刻，你想到了什么？

学习活动三：悟"魅力课堂"，写"魅力作文"（片段练习）

（一）说：今天的课堂与平时有什么不同？魅力在哪儿？

（二）写：写一个片段。

1.提示：感受最深的是哪个环节？

（讲传说、诵诗词、赠月饼、闻月饼、品月饼）

2.即兴片段练习，要求：

最搞笑的是……

最感人的……

最难忘的……

（三）评：把写好的片段读给大家听，同学评价，教师评价及时指导。

【课堂小结】

同学们，今天这样写作文喜欢吗？为什么？

对，这就叫"生活作文"，用"我手写我做，我手写我口，我手写我心。"下节课我们把今天的活动写成一篇完整的作文，有信心吗？

第二节课完成本次习作。

《狼牙山五壮士》教学设计

【学习目标】

1.会写"寇、副"等14个生字，会写"日寇、奋战"等20个词语。

2.会借助关键词句概括小标题，并且能借助小标题讲出故事主要内容。

3.体会课文既关注整体又聚焦个体的点面结合的写法，能迁移运用写生活中的一个场面。

4.能感受五位壮士的英勇壮举，增强民族自豪感，激发爱国之情。

【学习情境】

抗日战争期间，中国人民和日本侵略者进行了很多次战斗，其中有一场战斗，无论是当时还是现在，都深深地震撼着每一个中国人。这场战斗的主角只有五个人，今天的班级"战斗英雄故事会"就讲他们的故事。板书课题"狼牙上五壮士"。

第一课时

学习任务一：汇报预习成果

学习活动：

1. 小组交流背景资料

2. 读词语

3. 指导书写较难的生字

（设计意图：培养学生自主学习能力，搜集整理资料的能力，自主理解词语的能力，提高书写能力。）

学习任务二：厘清故事脉络

学习活动：

1. 边读边思考，课文围绕狼牙山五壮士写了哪些内容？借助关键词句提炼信息、概括小标题。

2. 读小标题，思考：课文是按照怎样的顺序写的？

3. 根据小标题讲讲这个故事。

（设计意图：培养整体感知能力，让学生初读，对课文的内容、情感、思路、脉络有一个大致把握，培养学生借助关键词句提炼信息、概括小标题的方法厘清课文脉络，搞清楚各部分之间的内在联系，增强对文章的分析、概括能力。）

学习任务三：体会英雄气概

学习活动：

1. 浏览课文，五壮士是在什么情况下接受任务的？接受了什么任务？

2. 默读课文第2自然段，用直线画出战士们痛击敌人的句子，思考：作者抓住了人物的哪些特点来写的？从这些描写中你体会到了什么？完成学习任务单。

《狼牙山五壮士》学习任务单

人物	关键词句	人物描写方法	人物形象特点
……			

3. 合作交流，作者通过动作和神态描写对五位战士做了细致刻画，文中还有对五壮士的整体描写，用较快的速度再次朗读第2自然段，找出描写人物群体的句子？

（设计意图：培养学生聚焦关键词句体会人物形象，在品读中领悟，表达中感受，学习点面结合的表达方法。）

【课堂小结】

这节课，我们学习了课文的生字词，通过朗读课文，借助关键词句提炼信息、概括小标题，厘清课文的脉络，更清晰地把握了课文内容，并学习了点面结合的表达方法。

【课后作业】

1. 规范抄写本课词语。2. 练习借助小标题讲好这个故事

第二课时

学习任务一：温故知新

1. 出示狼牙山图片。同学们请看，这就是河北易县的狼牙山风景区，山上有一座五壮士纪念塔，塔上有聂荣臻将军的题词："视死如归本革命军人应有精神，宁死不屈乃燕赵英雄光荣传统。"为了人民的安危，为了国家的解放，五位英雄用鲜血和生命谱写了一曲气吞山河的壮歌。这节课，我们继续学习《狼牙山五壮士》，请读课题。

2. 课题中的"壮士"为什么不是"战士"？课文哪些地方体现了壮士的"壮"呢？

3. 听写词语。

4. 用自己的话讲讲故事大致内容。

（设计意图：复习导入，检查学生对词语的识记，对课文内容的把握，帮助学生巩固记忆。题目是文章的文眼，一个"壮"字点明了本节课的学习重点。）

学习任务二：体会英雄壮举

学习活动：

1. 五位壮士完成了拖住敌人的任务后又做出了怎样的决定？小声阅读课文第三自然段，找出相关语句。

2. 默读第4~9自然段，体会班长马宝玉的英雄形象。

（1）他刚要拧开盖子，马宝玉抢前一步，夺过手榴弹插在腰间，猛地举起一块大石头，大声喊道："同志们！用石头砸！"

从一系列动作词语体会到班长的当机立断、身手敏捷、有勇有谋、果敢坚毅，以及对敌人的仇恨。

（2）马宝玉"嗖"的一声拔出手榴弹，拧开盖子，用尽全身气力扔向敌人。

"拔出""拧开""扔向"一系列动作词语，体会他对敌人的仇恨和杀敌的决心。

（3）"班长马宝玉激动地说：'同志们，我们的任务胜利完成了！'说罢，他把那支从敌人手里夺过来的枪砸碎了，然后走到悬崖边上，像每次发起冲锋一样，第一个纵身跳下深谷。"

从班长马宝玉把从敌人手里夺来的枪"砸碎"了，能体会出他不给敌人留下一枪一弹，也表明了他跳崖的决心。

3. 体会英雄整体形象

（1）五位壮士一面向顶峰攀登，一面依托大树和岩石向敌人射击。

（2）五位壮士屹立在狼牙山顶峰，眺望着群众和部队主力远去的方向。他们回头望望还在向上爬的敌人，脸上露出胜利的喜悦。

（3）战士们也昂首挺胸，相继从悬崖往下跳。狼牙山上响起了他们壮烈豪迈的口号声："打倒日本帝国主义！中国共产党万岁！"

学习任务三：聚焦文章的表达方法，尝试运用

学习活动：

1. 体会点面结合的写法，主要人物重点刻画。

2. 小练笔练习。

课文前后两次写完成任务的经过，对人物的描写不是平均用力，前面抓住人物的动作和神态描写，对每个人物一一描写；后面抓住人物的动作和语言，重点刻画班长马宝玉，主要人物可以重点刻画。

（设计意图：聚焦写法、领悟表达，学以致用。读是理解吸收，写是理解表达，在阅读教学中，如果能巧妙地将读与写融为一体，引导学生既能把原文读进去，又能把作文写出来，这无疑是提高语文教学实效的理想途径）

学习任务四：讲好故事，缅怀先烈

【课后作业】

1. 把狼牙山五壮士的故事讲给家里人听

2. 运用点面结合的写法描写一个熟悉的生活场景，如大扫除、拔河、运动会……

《杨氏之子》教学设计

【学习目标】

1. 会认"诣、禽"2个生字。会写"诣、禽、梁"3个生字。

2. 能正确、流利地朗读课文，读好句子中的停顿。背诵课文。

3. 能借助注释了解课文大意，能说出课文中表现杨氏之子机智的内容。

4. 感受课文风趣的语言。

【学习情境】

我们班"我们都来讲笑话"故事会今天正式启动，故事有《杨氏之子》《手指》《童年的发现》，想要讲好幽默故事，先要读懂故事，发现故事中蕴含的幽默与风趣，然后运用恰当的方法，引发同学们的笑点，给同学们带来快乐。

第一课时

学习任务一：读通故事

学习活动：

（一）读课文，读准字音，随文识字

1. 孔君平 / 诣（yì）其父：不要读成"指"了，形近字区别，指导书写"诣"。

2. 相机指导多音字"为"和"应"的正确读法：

为（wèi）设果：谁为谁设果？

儿（yìng）应声答曰：为什么是第四声？

3.未闻 / 孔雀 / 是夫子家 / 禽（qín），读好前鼻音，指导书写"禽"。

（二）读好句子中的停顿，读出韵味

（三）读好文中对话

孔 / 指以示儿 / 曰："此 / 是君家果。"

儿 / 应声答曰："未闻 / 孔雀 / 是 / 夫子家 / 禽。"

（四）去掉标点符号读，竖排朗读

【设计意图】

学习文言文的法宝是读，多种形式的朗读，培养文言语感。应重点指导学生把文章读正确，读流利，特别要注意停顿的恰当。学生读得不一样的地方正是他们感到困惑之处，教师将其抽出，并重点讲解，能让学生的读书有更强的指向性，让学生在朗读中不遗余力地实现读懂、读通课文的目标。

学习任务二：读懂文义

学习活动：

1.课文主要讲了谁和谁之间发生的故事？

2.借助注释等方法，试着说说每句话的意思。

3.小组内合作交流，用自己的话讲故事。

【设计意图】

学习文言文要关注方法的指导，小学阶段已经学过9篇文言文了，学习的过程中，学生已经学习用多种方法理解课文的内容，借助注释理解课文内容，这是学习文言文很重要的一种学习方法，学生用自己的话说一说句子的意思，才能把课文读得更有滋味。这一环节的教学通过学生的自主学习、合作交流能比较容易地完成教学目标，而且能真正把课堂还给学生。

第二课时

学习任务三：品味故事趣味

学习活动：

（一）品味文字之妙

讨论：孔君平为什么单单指着杨梅说是"君家果"，不说其他水果呢？杨氏子的回答妙在什么地方？

（二）品味人物之慧

你觉得杨氏子"甚聪惠"在哪里？

1. 他听出了孔君平的言外之意。

2. 回答礼貌。比较两句话，你发现了什么？

孔雀 / 是 / 君 / 禽（生硬）

未闻 / 孔雀 / 是 / 夫子家 / 禽（委婉、礼貌）

3. 这样的回答，是"应声答曰"马上回答，不假思索。

【设计意图】

人物的语言，一个问得巧，一个答得妙。感受杨氏之子的聪慧需要创设情境。在师生之间的对读，品读人物对话，为学生搭建起语言实践的平台。在这样的平台之上，没有教师生硬的说教，只有学生在语言实践过程中真切地体验。

学习任务四："我们都来讲笑话"故事会开讲

要求：1.语言通顺、流畅。2.讲出故事的风趣与幽默。3.声情并茂，动作协调，博得同学们的笑声与掌声。

【课后练习】

1. 把幽默故事讲给家里人听，把快乐带给家里人。

2. 推荐阅读《世说新语》。

《麻雀》教学设计

【学习目标】

1. 运用多种方法认读"嘶、哑、庞、奈"等6个生字，会写"躯、巢、搏"等13个生字，通过联系上下文，借助图片等方式理解词语意思。

2. 知道可以按事情发展的顺序写事，把事情的起因、经过、结果写清楚。

3. 知道可以把看到的、听到的、想到的写下来，就可以把重要内容写清楚。（重点）并尝试运用该方法进行迁移训练。

4. 有感情地朗读课文，能体会老麻雀身上深沉的母爱。

【学习情境】

观一场惊心动魄的狗鸟大战，学习作者是怎么把故事写清楚的，我们也来写自己的精彩故事，创编班级"生活万花筒"故事集。

【教学过程】

第一课时

学习任务一：单元导读

1. 明确单元学习任务，了解作者是怎样把事情写清楚的。

2. 出示图片：同学们请看图片（麻雀），这是一只很常见、很普通的鸟，它没有漂亮的羽毛，没有动听的歌喉，平时不会有人多看它几眼。然而，在它身上有一种令人敬佩、令人感动的精神，很少有人发现，有一位大作家发现了并把它写了下来，今天让我们跟随屠格涅夫的文字见证奇迹，看看课文围绕麻雀写了一个怎样的故事，是怎么把故事写清楚的。

学习任务二：汇报预习成果

学习活动：

（一）我会认：读准字音、认清字形，交流难读的字音和难写的生字。

1. "庞、拯、愣"的后鼻音要读准确。"嘶哑"是写叫声的，所以都是"口"字旁。

2. 我会写：

"幼"注意和"幻"的区别。

"躯"，身，做部首，撇画不出头。

"嗅""庞"，不要丢掉最后一画"点"。

"巢"，字理识字法。

"齿"，字理识字法。

（二）学生练习写生字、展示，师生互评

【设计意图】

《义务教育语文课程标准（2022年版）》第二学段"识字与写字"目标要求"对学习汉字有浓厚的兴趣，养成主动识字的习惯。有初步独立识字的能力"。预习给了学生自主学习的时间和空间，学生通过预习主动认识本课生字，并能正确书写简单的生字。

学习任务三：了解作者是怎样把故事写清楚的

学习活动：

1. 自由读课文，思考：课文主要写了几个角色？它们之间会发生什么事？完成示意图。

2. 继续完成示意图,故事的起因、经过、结果是怎样的,按什么顺序写的。

3. 根据角色关系和示意图,说说课文围绕麻雀写了一件什么事?

小结:阅读这样的文章,可以先弄清是谁和谁之间发生的事,然后梳理出事情的起因、经过、结果,再把这些内容连起来,就可以把握文章的主要内容。写一件事情,就要这样,把事情的起因、经过、结果都交代清楚,才能让人看明白。

4. 相机融入《交流平台》第一格、第二格的内容。

【设计意图】

对于概述了解课文内容,通过课文描写的角色和事情的起因、经过、结果梳理课文内容,感知课文内容,并且给了学习支架,降低了难度,最后引导学生关注课文是怎么把事情写清楚的。

第二课时

同学们,麻雀是十分弱小的动物,可作者屠格涅夫笔下的那只麻雀不仅战胜了庞大的猎狗,更深深地打动了无数读者的心。今天我们继续学习《麻雀》。

学习任务四:体会作者是怎样把主要内容写清楚的

学习活动:

1. 自由读课文,小麻雀、老麻雀和猎狗给你留下怎样的印象?用一个词语概括。

2. 小声读课文第2~3自然段,感受小麻雀的处境。

3. 默读课文第4~5自然段,作者是怎样把老麻雀救小麻雀这个主要内容写清楚的,画出相关语句,在旁边写上你的感受。

4. 体会作者是怎样把猎狗的攻击与退缩写清楚的。

（一）感受小麻雀的特点

"呆呆地站在地上，无可奈何地拍打着小翅膀。"

"它嘴角嫩黄，头上长着绒毛，分明是刚出生不久，从巢里掉下来的。"

需要妈妈的时候等来了猎狗。

（二）感受老麻雀的勇敢无畏

课文是怎样写出老麻雀的勇敢和无畏呢？请你默读课文的4、5自然段，画出描写老麻雀的相关句子，可以写上你的感受。

1.突然，一只老麻雀从一棵树上飞下来，像一块石头似的落在猎狗面前。

老麻雀飞下来的速度非常快。是呀，它是多么果断坚定呀。这是它无畏的表现。

小结：这句话就是作者看到的。

2.它挓挲起全身的羽毛，绝望地尖叫着。

它为什么绝望？尖叫什么？老麻雀奋不顾身毫无畏惧的精神。

3."老麻雀用自己的身躯掩护着小麻雀，想拯救自己的幼儿。它准备着一场搏斗，可是因为紧张，它浑身发抖，发出嘶哑的声音。"

为什么紧张？嘶哑着什么？勇敢无畏。这些描写动作的地方都是作者看到的，还有听到的。

因为"在它看来，猎狗是个多么庞大的怪物啊！可是它不能安然地站在高高的没有危险的树枝上，一种强大的力量使它飞了下来。"

4.可是它不能安然地站在高高的没有危险的树枝上，一种强大的力量使它飞了下来。

"强大的力量"是？

小结：作者把看到的、听到的、想到的写了出来，就把老麻雀的无畏写清楚了，也把事情给写清楚了。我们脑海中就浮现了一只勇敢而又无畏的老麻雀。再读读描写老麻雀的句子，来感受老麻雀的勇敢和无畏。

（三）感受老麻雀的进攻与退缩

1.猎狗慢慢地走近小麻雀，嗅了嗅，张开大嘴，露出锋利的牙齿。

2.猎狗愣住了，它可能没料到老麻雀会有这么大的勇气，慢慢地，慢慢地向后退。

凶神恶煞地向后退，突出强调老麻雀的英勇无畏。像这样，作者把看到的和想到的写出来，就是把事情写清楚的方法。

目睹了这场惊心动魄的"狗鸟之战"的作者，为什么要急忙唤回猎狗，带着它走开？

出示：是啊，请不要见笑。我崇敬那只小小的、英勇的鸟儿，我崇敬它那爱的冲动。爱，我想，比死和死的恐惧更加强大。只有依靠它，依靠这种爱，生命才能维系下去，发展下去。

——屠格涅夫《猎人笔记》

【设计意图】

聚焦角色印象，通过自主、合作、探究学习，体会作者把主要内容写清楚的方法，是把看到的、听到的、想到的写下来，就能把老麻雀保护小麻雀、猎狗的进攻与退缩写清楚，从而习得写作方法。同时感受小鸟本弱，为母则刚的伟大母爱！

学习任务五：总结方法，学以致用

1.出示"交流平台"第四格，梳理把主要内容写清楚的方法。

2.完成"初试身手"第一个内容"看图并发挥想象，把图片的内容说清楚"，选一个图片，运用把看到的、听到的、想到的写出来，把事情写清楚。

3.交流展示。

《慈母情深》教学设计

【学习目标】

1. 通过自主学习认识"魄、抑"等11个生字。会写"辞、抑"等12个生字，会读写"连续、广播"等18个词语。

2. 能想象课文描写的场景、细节，从中体会"慈母情深"。

3. 能联系生活实际，写出自己"鼻子一酸"的经历。

【预习内容】

读：读通、读顺课文，把课文读给家长听。

标：标出自然段，用不同的符号标出文中要求会认、会写的生字词。

查：多种方法理解不懂的词语；了解"一元多钱"在20世纪60年代能买到什么或能做什么。

说：课文讲了一件什么事。

【教学过程】

第一课时

学习任务一：汇报预习成果

学习活动：

（一）朗读课文，随文识字

（二）读词语，集中识字

第一组：失魂落魄　压抑　颓败　缝纫机　噪声　褐色　耽误　衣兜　龟裂　权利　疲惫

第二组：辞退　压抑　忙碌　吊着　噪声　脊背　竟然　龟裂　忍心　权利

1. 用借助图片等方法理解词语意思。

2. 识记多音字"龟"。

3. 写字指导。

"脊"上半部分笔顺；"抑"的右半部分；"忍"的上半部分；"酸"的左边；"碌"的右边下半部分；"噪"中"木"字一横写长一点，从"口"下方起笔。

4. 学生练习写一写比较难写的字。同桌评价，写正确一颗星，写端正一颗星，笔画、笔顺正确两颗星。

（三）整体把握课文内容

1. 说一说课文主要讲了一件什么事？

预设："我"向母亲要钱买书的事情。

2. 厘清课文写作思路，事情的起因、经过、结果。

起因（1~5）自然段：我想买《青年近卫军》，但家境贫寒，愿望难以实现，可是，对书的强烈渴望还是让"我"走进了工厂。

经过（6~34）自然段：我去工厂找母亲要钱和母亲给钱买书。

结尾（35~38）自然段：我有了第一本长篇小说。

小结：我们可以根据故事的起因、经过、结果厘清课文思路，还可讲讲课文主要内容。

学习任务二：了解我的家境以及对书的强烈渴望

学习活动：默读课文第1~5自然段，思考："我"买一本一元多钱的书为什么那么犹豫、纠结?

交流：

1. 出示句子：

母亲还从来没有一次给过我这么多钱。

我也从来没有向母亲一次要过这么多钱。

预设：你有一元多钱吗？你的零花钱最多的时候有多少？买一本书对于

你们来说有困难吗？可对于作者为什么那么难呢？

预设：家里极度贫穷，"那时我家的破收音机已经卖了，被我和弟弟妹妹们吃进了肚子里"，破缝纫机都卖了，家里没有值钱的东西了。

2.交流"一元多钱"在20世纪60年代能做什么。

母亲的工资二十七元，"一元多钱"相当于有的家庭两日的生活费，对于"我"家来说是一笔巨款。

追问：从上面几句话中还能读懂什么（"我"很懂事，对家庭的贫困现实是知道的，所以"从来没有向母亲一次要过这么多钱"）？

3."但我想有一本《青年近卫军》，想得整天失魂落魄"。

理解"失魂落魄"，作者对书的强烈渴望，正是这种强烈的渴望，他鼓起勇气走进了工厂。

【课堂小结】

这节课，我们学习了课文的生字词，通过朗读课文，通过故事的起因、经过、结果，厘清了课文的思路，把握了课文内容，学习并了解了作者找母亲要钱极为纠结的原因。

【课后作业】

1.规范抄写本课词语

2.默读课文，边读边想象课文中的场景，感受"慈母情深"蕴含在哪些细节中。

【板书设计】

18 慈母情深

起因 想买书

经过 进工厂要钱

结果 买到书

第二课时

学习任务一：走进场景，细节中感悟"慈母情深"

场景一：进工厂找母亲

学习活动一：阅读描写母亲工作环境的段落，体会母亲的辛苦。

1. 空间低矮狭小、潮湿：压抑、不足二百平方米、七八十台破缝纫机。

2. 光线阴暗：每个女人的头上方都吊着一只灯泡。

3. 炎热：犹如身在蒸笼。

4. 噪声震耳欲聋。

播放音频，感受"震耳欲聋"。

母亲就在这样的环境中挣钱。一天又一天，一月又一月，一年又一年，作者心里是什么滋味（不敢相信自己的所见）？

在这样的环境中，作者是怎么找到母亲的，他看到了一个怎样的母亲？他是什么心情？

学习活动二：默读课文16~19自然段，思考：1. 作者是怎么找到母亲的，工作中的母亲是怎样的？ 2. 作者为什么连喊两个"妈——""妈——"作者什么语气？

品读句子：我穿过一排排缝纫机，走到那个角落，看见一个极其瘦弱的脊背弯曲着，头凑到缝纫机板上。

作者在他的小说中还写道："其实母亲累垮过多次。在夜深人静的时候，在我们做梦的时候，几回回母亲瘫软在床上，暗暗恐惧于死神找到她的头上了。但第二天她总会连她自己也不可思议地挣扎了起来，又去上班……"

当你了解这些，再看看这瘦弱的脊背，你想说什么。作者在狭小、阴暗、拥挤的环境中找母亲，不断辨认，终于看清楚了自己的母亲。

品读句子：背直起来了，我的母亲。转过身来了，我的母亲。褐色的口罩上方，一对眼神疲惫的眼睛吃惊地望着我，我的母亲……

1. 自己读读，你看到了怎样的母亲（疲惫的母亲）？

2. 这句话的特别之处（我的母亲，三次放在一个句末）？

3. 对比阅读，改为"我的母亲背直起来了，转过身来了，一对眼神疲惫的眼睛吃惊地望着我"，有什么感觉？

是啊，这样一个疲惫的母亲让作者感到心痛和内疚，也让我们心痛，心碎，更让我们心存敬意，因为母亲的疲惫里深藏着慈母的情深啊。带着自己的感受再读这段话。

场景二：母亲给钱买书

学习活动三：分角色朗读文中两处对话，从对话中体会慈母情深

1. 师生合作读"我"和母亲的对话

母子之间一问一答，语言简短，给你什么感受（母亲的紧张忙碌、我的吞吞吐吐，"我"对要钱的迟疑和懊悔）？

2. 男女生合作读母亲和工友的对话

从母亲和工友的对话中，我们知道了，母亲养儿女的都不容易，这位母亲家境贫寒，挣钱艰辛，却慷慨地给"我"钱买书，形成鲜明的对比，其中包含着母亲对孩子无私的爱和对"我"读书无条件的支持——深沉的母爱，了不起。

3. 品读句子：母亲掏衣兜，掏出一卷揉得皱皱的毛票，用龟裂的手指数着。

这一沓揉得皱皱的毛票，母亲生病了，她舍不得买药；衣服旧了，她舍不得换件新的；手指龟裂了，她舍不得添双手套，甚至我们几个孩子想吃口肉，她都舍不得买，可今天，我向母亲要钱买书，母亲却拿出来了。母亲掏出的仅仅是毛票吗？

4. 品读句子：母亲说完，立刻又坐了下去，立刻又弯曲了背，立刻又将头俯在缝纫机板上了，立刻又陷入手脚并用的机械忙碌状态……

四个"立刻"，你又体会到了什么？为什么要连用四个"立刻"？

母亲工作动作快，节奏快，争分夺秒地工作，不辞劳苦！

5. 品读句子：我鼻子一酸，攥着钱跑了出去……

如果你是作者，看到母亲工作的环境、听到母亲和工友的对话，拿着母亲给的揉得皱皱的毛票，你想对母亲说什么？

学习活动四：体会"我"对母亲的心疼与感激

1. 我为什么要给母亲买一听水果罐头？

2. 怎么理解"我想我没有权利利用那钱再买任何东西，无论是为我还是为母亲。"

一方面，钱来之不易，受到了母亲的责备；一方面，不能再违背母亲对我的期望和支持，"我"买书不单是对书的渴望，更是对母亲的感恩和责任。

学习任务二：读写迁移，以写促读

学习活动一：总结课文的写法。

学习活动二：小练笔。

作者为什么拿到钱时"鼻子一酸"？你有"鼻子一酸"的经历吗？

试着写一写。

【课堂小结】

通过这节课的学习，我们深深地感受到母爱是慈祥的，母爱是深沉的，母爱也是伟大、无私的。这种爱，作为子女永远也报答不了，正如唐代诗人孟郊所写的"谁言寸草心，报得三春晖"。

【作业超市】

1. 有感情地朗读课文，积累自己喜欢的语句。

2. 搜集颂扬母爱的名句或诗歌。

3. 推荐阅读文章《母亲的"存折"》《那一刻，我理解了母爱》《妈妈的心，是瓷器》。

后　记

在微信上读到了刘良华老师的《教师成长的新方向》，其中的"新方向"深深吸引了我。

"如果不把教师的专业发展提高到增进教师个人幸福生活的高度，教师迟早会拒绝专业发展"，在很多的培训中，专家、教授、名师都讲到教师的专业发展，在轰轰烈烈的教育教学改革中对于教师无非就是教师的"专业发展"，为了学生的一切，为了一切学生，教师必须要专业发展，现在看一个学校的师资力量就看在这个学校里有多少研究型教师。有道理，一个老师或一批老师如果在专业上有发展，一定会利于学校的发展和学生的成长。教师的发展推动学校教育教学的发展。

但是，究竟什么才能推动教师的发展？就是刘良华教授讲的"教师的幸福感"。教师的幸福感和教师的专业发展是相辅相成的，教师发展带给老师的是什么？是社会、学校、家长、学生的肯定，这就是教师所需要的财富。学校、学生因为自己在发展，教师就很幸福。教师只有在这里才能找到生活的意义和价值。一个通过努力而获得成功的教师会得到职称的晋升，评选优秀、名师、骨干等，都给老师带来了幸福，对教师而言，拥有这些，足矣。

"对教师来说，如果没有找到令自己'始惊、次醉、终狂'的教师群体中的理想类型，教师成长也就缺失了最基本的动力。"教师专业成长不是听了几场讲座或几堂名家的课，而是要靠自己的自学或个人反思、个人体悟。

"近朱者赤，近墨者黑"，教师的成长离不开"贵人"相助。和积极的人在一起，你就是个积极的人，我们心目中要有自己的榜样，榜样的力量是无穷的。

　　"教师究竟从哪些地方谋求解放的路径？"在北师大培训，其中有一项非常重要的作业——做课题。第一次集中培训后，导师给我们每人一个任务就是写开题报告，虽然在培训中专家也给我们讲了关于课题的内容，怎么写开题报告，但在写的时候仍然不知所措。从教20年，就是埋头苦干，踏踏实实教书，总认为课题是专家做的，教育家做的，与我们一线教师无关，不会做课题还有个非常重要的原因，就是没有时间，我们每天的工作是备课、上课、批阅作业等，还有学校里的各种活动，日复一日、年复一年，重复着同样的工作。刘良华教授给我们的三个建议非常棒！

　　第一，多阅读，少备课。不要在备课上多纠缠，我认为，我们教师必须细读、解读文本，要明白一篇课文，我们要教给学生什么，学生要学会什么，至于课怎么上，还要看学生在上课之前已经知道了什么，不知道什么？我们根据学情才能上课。老师一定要读书，只有多读书才能跟得上学生的需求。

　　第二，少讲课、多观察。学生是学习的主人，有些知识，学生通过自学就能弄明白的，不需要老师大讲特讲，一直把学生讲趴下，讲得学生自己不会动脑子了，就等着老师喂饭吃。自主也好，合作也好，探究也好，老师只是学生学习过程中的引领者、组织者、服务者，让学生动起来，老师做观察员，观察学生的学习过程，学生遇到困难帮学生解惑。

　　第三，少改作业，多反馈意见。批改作业是教师最繁重的工作，办公桌上堆积如山，抄写本、日记本、作文本、生字本……还有其他的练习作业，颈椎病已经成了教师们的职业病，长此以往，不到退休年龄就已经倒在了讲台上。我们可以试着让学生参与到批改作业的行列里来，充分发挥班长、组长、课代表的作用，其实，学生批改作业认真程度远远超过老师，又仔细又认真，同学们也很容易接受。这样一来，我们教师就能闲下来了，每天看一看，做监工，发现谁批改得认真就表扬，谁批改得马虎，就指导。我们有了更多的时间，可以做观察员、思考者，做研究的时间不就有了吗？

　　每一位教师不仅要埋头教书，还要抬头看路，更为重要的是一定不要忽略了自己的专业发展。